韓國의 漢詩 96

環璆唫艸

春波 金得鍊 詩集

韓國의 漢詩 96
環珌唫艸
春波 金得鍊 詩集

허경진 옮김

평민사

머리말

　삼국시대에는 국경의 벽이 높지 않아서, 고구려, 백제, 신라의 젊은이들이 중국에 많이 유학했으며, 과거에 급제해 벼슬까지 했다. 고려시대에도 원나라에 유학해 성리학과 한문학을 배웠으며, 원나라 시인들과 한시를 주고받았다. 그러나 명나라가 건국되면서 국경의 벽이 높아져, 더 이상 유학생이나 무역상들이 국경을 넘어 다닐 수 없게 되었다. 국경을 넘어갈 수 있는 사람은 사신뿐이었는데, 조천사(朝天使)와 연행사(燕行使)가 1년에 서너 차례 압록강을 건너 북경에 들어가 중국 시인들과 한시를 주고받았으며, 통신사(通信使)가 20~30년 만에 한번쯤 바다 건너 일본에 가서 한시를 주고받았다. 동아시아 세계에서 한자는 어디에 가도 통했으며, 사신들도 외교 현안과는 별도로 한시를 통해 폭넓게 문화를 교류하였다.

　김득련의 한시는 이와 경우가 다르다. 1896년에 러시아황제 니콜라이 2세가 대관식을 거행하게 되자 친노파 조정에서 민영환을 특명전권공사로 파견했는데, 그는 윤치호와 김득련을 수행원으로 추천하였다. 윤치호는 영어를 잘한 유학생이니 서양에 가서 통역할 자격을 지녔지만, 김득련은 영어를 한 마디도 못하는 한어(漢語) 역관이었으니 사실상 꼭 필요한 인물은 아니었다. 그러나 고종에게 보고서를 제출해야 하는 민영환에게는 한어 역관도 필요해, 김득련을 데려갔다. 김득련은 산문 기행문인 『환구일록』과는 별도로 한시집 『환구음초(環璆唫艸)』를 일본에서 출판하였다. 연행사나 통신사 일행이 기행문과 별도로 한시를 지어 외국의 풍물과 자신의 감정을 기록하던 전통을 이어받은 것인데, 민영환은 김득련의 『환구일록(環璆日錄)』을 1인칭 시점의 기술로 고쳐 『해천추범(海天秋帆)』이라는 기행문으로 정리했다. 수행원의 공식 보고서를 제출하던 관례를 따른 것이지만, 『환구음초』까지 자신의 작품집으로 만들지는 않았다. 이것이 바로 시와 산문의 차이라고도 볼 수 있다.

김득련의 시에는 칠언절구가 많은데, 특히 상트 페테르부르크의 풍물을 칠언절구 36수로 읊은 연작시는 외국죽지사의 관습을 이어받은 것이기도 하다. 김득련은 영어를 한 마디도 하지 못해 외국인들을 만날 때에 상당히 답답해했는데, 그런 순간에도 한시를 지어 자신의 감정을 표현하였다. 『환구음초』에는 이전의 한시에서 볼 수 없었던 생경한 표현이 많은데, 새로운 문물을 전통적인 한시로 표현하는 과정에서 그가 얼마나 고심했을는지 실감할 수 있다.

나는 1995년에 『서유견문』 출판 100주년을 맞아 처음 번역 출판하면서, 곧바로 『환구음초』 출판 100주년을 맞아 이 책도 번역하기 시작하였다. 우리 한문학 선배들이 새로운 세계를 어떤 식으로 표현했는지 알고 싶었던 것이다. 그러나 『서유견문』이 그러했던 것처럼, 『환구음초』도 번역이 쉽지 않았다. 10년 뒤인 2008년에 제자 이효정에게 「1896년 러시아 사절단의 기록 연구」라는 석사논문을 쓰게 하면서 김득련과 민영환의 기록을 비교해볼 기회가 있었지만, 십여 수의 번역이 마무리되지 않아 결국 몇 년을 더 끌었다.

올해에 『환구음초』 번역을 마무리하게 된 것은 제자들과 함께 동아시아 기행문을 집대성하려는 계획을 세웠기 때문이다. 통신사 필담 창화집과 사행록의 정리를 끝낸 마당에, 최초의 세계일주 한시집 번역을 더 이상 미룰 수 없게 된 것이다. 다행히도 일본에 유학간 제자 이효정이 국제기독교대학에서 수신사 기행문으로 박사논문을 마무리했다기에, 『환구음초』의 해제를 부탁하였다. 나로서는 몇 년 끌던 숙제를 마무리한 셈인데, 10년 전의 계획대로 필요한 부분에는 민영환의 『해천추범』을 번역해 소개하였다. 『해천추범』과 『환구음초』의 관점이 얼마나 같은지, 독자들에게 보이기 위한 것이다. 이번 학기 대학원에서 개화기 한문학을 강의하면서 동아시아 기행문뿐만 아니라 개화기 지식인들의 미국 기행문까지 함께 다루게 되었다. 이 시집을 통해서 한시 독자들의 세계가 더 넓어지면 다행이겠다.

이 시집을 번역하는 동안 상트 페테르부르크를 몇 차례 답사하였다. 김득련 일행이 가장 오래 머물며 러시아 문물을 시찰한 곳이기 때문이다. 그때마다 기꺼이 안내해준 아델라이다 트로체비치 교수님과 아나스타샤 구리예바 교수, 그리고 아나스타샤의 어머니에게 감사드린다.

2011년 3월 2일
허경진

차례

머리말 • 5

― 우리나라가 러시아와 우호조약을 맺은 지 십여 년 되었건만 아직 사신을 보내지 못했는데, 마침 5월 26일에 러시아 새 황제가 대관식을 하고 즉위하게 되었다. 오대주 각 나라에서 사신을 보내 서로 축하하니, 우리나라도 역시 사신을 파견하기로 하였다. 건양 원년(1896) 3월 11일에 궁내부 특진관 종1품 민영환을 특명전권공사로, 학부 협판 윤치호를 수행원으로, 3품 김득련을 2등참서관으로, 외부 주사 김도일을 3등참서관으로 삼아 러시아 수도에 가게 하였다. 나는 본래 부족하고 학문이 없는 사람이어서 이 직책에 어울리지 않는데다, 어머니께서 몇 년 동안 중풍으로 누워 계셔 자식 된 도리로 그 곁을 떠나기가 참으로 어려웠다. 그래서 여러 차례 사양했지만 결국 허락받지 못했다. 4월 1일에 길을 떠나며 당에 올라 절하노라니 가슴이 막혀 말할 수 없기에, 시를 지어 회포를 서술한다 • 17

― 소명을 받고 입대하여 하직인사를 드리고 잘 다녀오라는 말씀을 삼가 받들었다. 너무도 영광스럽고 황공한 나머지 공손히 술회하여 기록한다 • 19

― 친서 한 통과 국서 한 통을 공경히 받들고 길을 떠나 마포나루에 도착했더니 내부대신 박정양, 외부대신 이완용, 내각총서 이상재, 외부협판 고영희, 탁지부협판 이재정, 농상공부협판 이채연, 군부협판 백성기, 중추원의관 윤웅렬, 학부참서관 이경직, 경무관 백명기가 함께 모여 기다리고 있었다. 농상공부대신 조병직이 뒤이어 도착하자, 외부와 탁지부에

서 잔치를 베풀어 사행을 전송하였다. 이는 사신의 임무를 중시하고 먼 길 떠남을 위로하기 위한 것이다 • 20

_ 갈림길에서 읊어 우정 협판에게 바치다 • 21

_ 인천항에서 기선을 타고 곧바로 상해로 향하다 • 22

_ 상해에 배를 대고 • 24

_ 양식을 먹으면서 장난삼아 짓다 • 25

_ 나가사키항에 이르러 • 26

_ 시모노세키를 지나면서 • 27

_ 고베에 잠시 배를 대고서 • 28

_ 요코하마에 들르다 • 29

_ 화륜차를 타고 도쿄에 들어가다 • 30

_ 우리 공사관에 머물러 하룻밤을 자며 서기 유찬에게 지어 보이다 • 31

_ 태평양에서 일출을 보다 • 32

_ 밤새도록 북풍이 크게 불어 배가 더욱 심하게 흔들리기에 저절로 나그네 시름이 일어나다 • 33

_ 뱅쿠버 항구에 상륙하다 • 34

_ 카나다에서 기차를 타고 동쪽으로 구천 리를 가면서 • 35

_ 큰 들판을 지나며 • 36

_ 슈피리어 큰 호수를 지나며 • 37

_ 뉴욕의 부유하고 번화함이 입으로 형언할 수 없고 붓으로도 기술할 수 없다 • 38

_ 뉴욕 전기박람회에 가서 보니 세상의 많은 물건들이 모두 전기 기계로 만들어졌다. 관현은 저절로 연주되고, 차와 떡도 순식간에 만들어졌다. 그 가운데 가장 기이한 것은 오백 리 밖에 있는 큰 폭포의 소리를 끌어와 물그릇 속에 담아 놓은 것이다. 귀를 기울여 들으면 사람을 오싹하게 한다 • 39

_ 대서양 배 안에서 • 40

_ 대서양을 험난하다고 하는데 뱃길 구천 리를 지금 무사히 건

_ 너 리버풀 항구에 닿았다 • 41
_ 영국 수도 런던에 들어가며 • 42
_ 런던에서 기차를 타고 삼백여 리를 가서 새벽에 화륜선을 타고 아침에 플나싱 항구에 정박했으니 네덜란드 동쪽 국경이다 • 43
_ 독일 서울 베를린을 지나며 • 44
_ 폴란드의 옛서울 • 45
_ 러시아 국경에 이르자 무관 한 명과 외부 관리 한 명이 와서 맞이하였다 • 46
_ 모스크바에 도착하여 러시아 황제의 행차를 구경하다 • 47
_ 러시아 궁궐에 들어가 친서와 예물을 바치다 • 49
_ 오월 이십육일은 러시아 황제의 경사스런 예식인 대관식 날이라, 각국 사신들이 축하하는 반렬에 들어가 참석하였다 • 50
_ 도성에 가득 사흘 밤 동안 등불을 켜다 • 52
_ 황궁에서 밤에 연극을 보다 • 55
_ 만민 잔치 • 56
_ 모스크바 공관에서 꿈을 꾸다 • 58
_ 모스크바 공관에서 • 62
_ 서양 미인가 • 63
_ 모스크바 공관에서 달밤에 한양 친구들을 그리워하다 • 65
_ 열병식을 보고 돌아와 장구를 쓰다 • 67
_ 황촌의 여름 행궁 • 73
_ 예배당 • 74
_ 네바강 • 75
_ 네거리에 조성된 공원 • 76
_ 엘라긴섬 • 77
_ 큰 식물원 • 78

_ 동물원 • 79
_ 서커스장 • 80
_ 영화관 • 81
_ 철로 마차 • 82
_ 자전거 • 83
_ 러시아 역대 황제 무덤이 모두 한 예배당에 있다 • 84
_ 표트르 대제가 수도를 개척할 때에 살던 집 • 85
_ 분수관 • 86
_ 수돗물 • 87
_ 양조장 • 88
_ 농무박물관 • 89
_ 성 밖의 우유 짜는 목장 • 90
_ 전화통 • 91
_ 전등 • 92
_ 감옥서 • 93
_ 면포 직조소 • 94
_ 제지소 • 95
_ 조폐소 • 96
_ 황제가 타는 화륜선 • 97
_ 정수장 • 98
_ 해구의 포대 • 99
_ 조선소 • 100
_ 도서관 • 101
_ 각급 학교 • 102
_ 온궁 박물관 • 103
_ 유리 제조소 • 104

_ 천문대 • 105

_ 러시아 서울에 불망화라는 꽃이 있어 여인들이 머리 가득 장식으로 꽂는다 • 106

_ 단오절 • 107

_ 낙조를 보다 • 108

_ 페테르부르크 공관 유감 • 109

_ 네바강 만조 • 110

_ 음력 유월 오일에 우편으로 사월 십일일 집에서 보낸 편지를 받아 보다 • 111

_ 계정 공사가 율시 한 수를 지어 주기에 원운에 차운해서 바치다 • 112

_ 계정 공사의 소상자찬에 삼가 화운하다 • 114

_ 골삐노 천문대에 가서 구경하고 돌아오는 길에 산에 올라 짓다 • 115

_ 양력 칠월 칠일 • 116

_ 비서랑 소석 민경식과 참서관 월산 주석면이 유람신사로 남로를 따라 이르렀는데, 사행이 머지않아 돌아갈 것이므로 이 시를 읊어 회포를 서술하다 • 117

_ 계정 공사를 따라 차를 타고 엘라긴 섬에 가서 바람을 쐬며 소석 월산과 함께 생각나는 대로 읊다 • 118

_ 동물원에 놀러갔는데 한번도 본 적이 없는 동물들이 있기에 각각 시 한 수를 붙이다 • 119

_ 사자 • 119

_ 악어 • 120

_ 재주부리는 코끼리 • 121

_ 검은 꿩과 흰 꿩 • 122

_ 객사에서 우연히 쓰다 • 123

_ 사행의 돌아갈 날짜가 팔월 십구일로 정해졌는데 소석과 월산이 이곳에 떨어져 있게 되었으므로 시를 지어 이별을 기록하다 • 127

_ 소석에게 주다 • 127

_ 월산에게 주다 • 128

_ 러시아 해군 장관에게 지어 주다 • 129

_ 염오 수행원이 불어를 배우기 위해 지금 파리로 가니, 이제 타국에서 객을 전송하며 남북으로 길이 나뉘게 되어 슬픔을 달래기 어렵다 • 130

_ 염오의 증별시에 차운하다 • 134

_ 페테르부르크를 떠나면서 • 135

_ 모스크바를 다시 지나다 • 136

_ 박람회를 보기 위해 하신주에 머물다 • 137

_ 박람회를 관람하다 • 138

_ 가벼운 기구에 타다 • 141

_ 볼가강에서 화륜선을 타고 동남쪽으로 밤에 떠나다 • 142

_ 기차를 타고 시베리아 길로 들어서다 • 143

_ 음력 칠월 이십육일은 큰어머니 소상인데 타국에 있어 제사에 참석할 수 없으니 안타까운 마음 더욱 견딜 수 없다 • 144

_ 느낀 바를 써서 우정 협판에게 올리다 • 145

_ 양력 구월 구일 시베리아 산길에서 짓다 • 146

_ 시베리아 철도가 끊어져 마차를 타고 가다 • 147

_ 몽골 국경을 지나는데 몽골의 사람으로 러시아 국적에 편입한 자가 몹시 많다. 변발에 긴 도포 차림을 여전히 바꾸지 않고 천막을 치고 들에서 살며 유목할 뿐이다 • 148

_ 이르쿠츠크 서시베리아총독부에 도착하다 • 149

_ 바이칼 호를 건너다 • 150

_ 흑룡강에 와서 화륜선으로 갈아타고 블라디보스톡으로 향하노라니 오늘 몹시 고단하다 • 151

_ 하바롭스크 총독부에 도착하다 • 153

_ 우리나라 사람들은 대체로 "장백산 위에 큰 못이 있는데 그 둘레가 팔십 리이다. 이 물이 나뉘어 흐르며 세 강이 되니,

남으로 압록강, 동으로 토문강, 북으로 흑룡강이 된다"고 한
다. 그러나 이는 직접 그곳에 가서 지형을 자세히 살펴보지
못한 채, 단지 전해오는 말만 듣고 대충 말하는 것이다. 이제
지도를 살펴보면 러시아와 몽골 두 나라의 경계에 새안산이
있다. 여기서 북으로 새올가강으로 빠져나가 러시아 경계가
되고, 남으로 알군강으로 빠져나가 몽골의 경계가 된다. 동
으로 몇백 리를 흐르다가 합류하여 흑룡강이 되고, 다시 오
천 리를 흘러 동해로 들어간다. 흑룡강의 남쪽 언덕에서 만
주의 경계가 시작된다. 장백산은 흑룡강의 동남에 있는데 북
으로 흐르는 물이 숭가리강이 되어 흑룡강에 합류하니, 실은
흑룡강의 근원이 장백산에서 나오는 것은 아니다. 옛날 숙종
때에 청나라에서 오랄총관 목극등을 파견하여 (우리나라의)
북쪽 경계를 조사하여 정하게 하였다. 그때 나의 선조 광천
공 부자께서 이 일에 참예하여 무산에서 팔백 리를 거쳐 토
문강의 근원을 거슬러 장백산 정상에 올라 큰 못을 두루 살
펴보고 그 경계를 상세히 정하셨다. 물이 나뉘는 곳에 비석
을 세우고 지형을 그림으로 그려, 돌아와 조정에 바치셨다.
숙종께서 어제시를 지어 "그림으로 보아도 장관인데, 산에
오르면 그 기운 어떠할까? 그동안 경계를 다투던 시름이 이
제부터 모두 사라지리라." 하시고는 아울러 은혜로운 상까지
내려주셨다. 지금 내가 강 동쪽을 따라 내려오니 장백산이
손으로 가리킬 만한 곳에 있지만, 길이 먼 데다 내 마음대로
올라가 선조의 자취를 찾아볼 수도 없기에 부끄럽고 아쉬움
을 견딜 수 없다 • 154

_ 블라디보스톡에 도착하다 • 157

_ 신문을 보고 비로소 당질 세형이 요즘 원산항 우체사장에 임
명된 것을 알았다. 이미 부임했을 텐데, 귀국하는 배가 곧장
부산으로 향하기에 원산항에 들리지 않으니 만나기 어려운
형편이라 몹시 서운하다 • 158

_ 우리나라 유민들의 도소에 지어주다 • 159

_ 새벽에 부산에 정박하다 • 160

_ 인천항에 와서 정박하다 • 161

_ 시월 이십일일 서울에 들어와 복명하고 러시아 황제의 회답
친서를 바쳤다. 신들이 입대하여 우러러 뵈니 성체가 강녕하
시고 세자 저하도 안녕하시어 기쁜 마음을 금할 수 없었다.
먼 길을 다녀 온 노고를 물어보시며 은총과 관심이 극진하셨

는데, 신들은 티끌만큼도 보답할 수 없어 몹시 황공했다. 서궁에도 복명하고 회답서를 올렸다. 우러러 천안을 뵈오며 입대하니 "아! 너희들의 이번 사행 길은 일곱 달이나 걸린 먼 노정이었는데 고생이 얼마나 많았느냐" 하셨다. 조정에서 물러나 집으로 돌아와 뵈니 아버지의 건강은 그런대로 평안하셨지만 어머니의 풍이 여태 회복이 더디어 자식 된 마음에 몹시 안타까웠다 • 162

친척과 벗들이 내가 집에 돌아왔다는 소식을 듣고 일제히 모여 환영하였다. 촛불 심지를 자르며 즐겁게 이야기하니, 시 금동과 육교의 풍월이 다시 예전의 인연을 이었다. 이번 사행은 일곱 달 동안 여덟 나라를 거치며 모두 육만 팔천삼백육십오 리를 다녔다 • 164

부록

해설 : 1896년 어느 조선인의 세계 일주/ 이효정 • 165

原詩題目 찾아보기 • 172

우리나라가 러시아와 우호조약을 맺은 지 십여 년 되었건만 아직 사신을 보내지 못했는데, 마침 5월 26일에 러시아 새 황제가 대관식을 하고 즉위하게 되었다. 오대주 각 나라에서 사신을 보내 서로 축하하니, 우리나라도 역시 사신을 파견하기로 하였다. 건양 원년(1896) 3월 11일에 궁내부 특진관 종1품 민영환을 특명전권공사로, 학부 협판 윤치호를 수행원으로, 3품 김득련을 2등참서관으로, 외부 주사 김도일을 3등참서관으로 삼아 러시아 수도에 가게 하였다. 나는 본래 부족하고 학문이 없는 사람이어서 이 직책에 어울리지 않는데다, 어머니께서 몇 년 동안 중풍으로 누워 계셔 자식 된 도리로 그 곁을 떠나기가 참으로 어려웠다. 그래서 여러 차례 사양했지만 결국 허락받지 못했다. 4월 1일에 길을 떠나며 당에 올라 절하노라니 가슴이 막혀 말할 수 없기에, 시를 지어 회포를 서술한다.

我邦通好俄羅斯國十餘年 尙未報聘 今値俄新皇戴冠卽位之期 在於五月二十六日 五洲各邦專价相賀 我邦亦爲派使 建陽元年三月十一日 宮內府特進官從一品閔泳煥爲特命全權公使 學部協辦尹致昊爲隨員 三品金得鍊爲二等參書官 外部主事金道一爲三等參書官 往赴俄都 不佞本以譾劣蔑學 不稱是職 重以慈闈風患 經年彌留 人子情理 實難離側 屢度陳情 竟未蒙遞 洒於四月一日發程 登堂拜辭 抑塞不能言 謹此述懷

어머니께서 오래 중풍으로 편찮으신데
소자가 지금 먼 길을 떠납니다.
하직인사하려다 차마 못하니
어머님 위로해드릴 말씀이 없어서지요.

慈闈彌風患,　　小子今遠征.
欲辭還未拜,　　無語慰親情.

아버님께서 빨리 떠나라 하시며 하신 말씀
나라 일에 어찌 사사로운 정을 말하랴.
먼 길에 부디 아프지 말고
네 한 몸 스스로 잘 돌보거라.

家君命催發,　　王事敢言私.
遠路希無病,　　一身汝自持.

소명을 받고 입대하여 하직인사를 드리고 잘 다녀오라는 말씀을 삼가 받들었다. 너무도 영광스럽고 황공한 나머지 공손히 술회하여 기록한다.

辭陛之時 承召入對 伏奉善去來之聖論 臣不勝榮惶 恭述識之

러시아에 하례하는 사절단이 구성되어
참서에 뽑혔으니 재목 아님이 부끄럽네.
하직인사 올리던 날 남다른 은총 받았으니
잘 다녀오라는 말씀이 간곡하기 그지없네.

爲賀俄邦使節開.　　參書膺選愧非材.
寵恩偏荷辭朝日,　　天語諄諄善去來.

친서 한 통과 국서 한 통을 공경히 받들고 길을 떠나 마포 나루에 도착했더니 내부대신 박정양, 외부대신 이완용, 내각총서 이상재, 외부협판 고영희, 탁지부협판 이재정, 농상공부협판 이채연, 군부협판 백성기, 중추원의관 윤웅렬, 학부참서관 이경직, 경무관 백명기가 함께 모여 기다리고 있었다. 농상공부대신 조병직이 뒤이어 도착하자, 외부와 탁지부에서 잔치를 베풀어 사행을 전송하였다. 이는 사신의 임무를 중시하고 먼 길 떠남을 위로하기 위한 것이다.

敬奉親書一度 國書一度 行到麻浦津 內部大臣朴定陽 外部大臣李完用 內閣總書李商在 外部協辦高永喜 度支部協辦李在正 農商工部協辦李采淵 軍部協辦白性基 中樞院議官尹雄烈 學部參書官李庚稙 警務官白命基 齊會以待 農商工部大臣趙秉稷追至 而自外部度支部設餞送行 此重使事 而慰遠征也

강기에 전별연 배풀어 시행을 전송하니
「여구가」[1] 서글퍼서 소리가 나오지 않네.
종놈이 재촉해 서둘러 떠나다 보니
여러 벗님들과 석별의 정도 다하지 못했구나.

祖帳江頭送使行.　　驪歌忉悵不成聲.
僕夫催路忩忩發,　　未盡諸公惜別情.

■
1) 일시(逸詩)의 편명인데, 헤어질 때에 부르던 노래이다. 이 시에서는 이별의 노래를 뜻한다.

갈림길에서 읊어 우정 협판에게 바치다
臨歧口號呈雨[1]亭協辦

지난해에 이 강가에서 헤어지며 시를 지어
일본에[2] 사신으로 가시는 그대를 전송했지요.[3]
오늘은 러시아에 가는 나를 그대가 전송하니
서운한 마음은 마찬가지라 헤어지기 어렵구려.

去年贈別此江濆.　　奉使和邦我送君.
今日赴俄君送我,　　一般情緖悵難分.

---

1) 우정(雨亭)은 고영희(高永喜, 1849~1916)의 호인데, 자는 자중(子中)이다. 신사유람단으로 일본에 다녀온 뒤에 일본공사 하나부사의 역관이 되었으며, 이완용 내각에서 탁지부대신을 지내며 한일합방에 찬성하였다.
2) 일본을 화국(和國)이라고도 한다. (원주)
3) 지난 여름에 우정이 전권공사로 떠나 일본에 주재하였다. (원주)

인천항에서 기선을 타고 곧바로 상해로 향하다
仁港乘汽船直向上海

중국으로[1] 가는 길이 서쪽으로 향해
인천항에서 화륜선 출발시켜 곧바로 나아가네.
이틀이면 천오백 리를 갈 수 있어
오송강[2] 어구에 배를 잠시 멈추었네.

皇華一路向西天.　　仁港開輪直駛前.
二日能行千五百,　　吳淞江口暫停舩.

■
1) 아름다운 꽃들이
　　저 들에 진펄에 피었네.
　　급히 달려가는 사신의 신세
　　행여나 못 미칠까 날마다 걱정이네.
　　皇皇者華,　　于彼原隰.
　　駪駪征夫,　　每懷靡及.
　　원문의 황화(皇華)는 『시경』 소아(小雅)의 〈황황자화(皇皇者華)〉라는 시에서
　　나왔는데, 뒤에는 사행(使行)의 뜻으로 쓰였다.
2) 오송강은 상해에 있는 강인데, 황포강의 지류이다.

양편 언덕에는 수양버들이 늘어지고
버드나무 그늘 짙은 곳에 사람들 집이 어른거리네.
강남의 봄빛 이른 것을 비로소 알겠으니
청명이라고[3] 온 산에 가득 꽃 피었구나.[4]

兩岸靑靑楊柳斜,　　柳陰深處映人家.
始信江南春色早,　　淸明開盡滿山花.

---

3) 이들이 상해에 도착한 4월 4일이 청명(淸明)이다. 민영환의 『해천추범』에 "오늘은 음력으로 청명이다. 묘소에 올라가 돈을 태우는 사람들이 오고 가는 게 끊이지 않는 것이 우리 풍속과 같다. 머리를 돌려 동쪽을 바라보니, 집과 나라에 대한 그리움이 더욱 간절하다"고 하였다.
4) 이때가 음력 2월 중순인데, 우리나라에 비해 두 절후가 빠르다. (원주)

상해에 배를 대고
泊上海

상해가[1] 통상한 지 오십 년만에
각 나라 교묘한 기예가 여기 다 모였네.
강가 일대의 서양 조계는
깔끔하게 정리된 길이 부두에 닿아 있네.

申滬通商五十秋.　　各邦巧藝不勝收.
沿江一帶洋租界,　　齊整街衢接碼頭.

누대와 배들이 그림같이 떠 있고
달빛 속 피리와 노래로 곳곳에서 노니네.
앞다퉈 번성하려는 게 사람 마음이니
참으로 이곳이 동양 제일의 고장이구나.

樓臺舟楫畫中浮.　　煙月笙歌處處遊.
人心祇鬪繁華盛,　　儘是東洋第一區.

---

1) 호(滬)는 강소성 상해현 동북을 흐르는 강 이름인데, 상해의 옛이름이기도 하다. 지금도 상해의 자동차 번호판은 호(滬)자로 표기된다.

양식을 먹으면서 장난삼아 짓다
喫洋餐戲題

상보 깔린 긴 식탁엔 메뉴판 펼쳐 있고
우유와 빵이 눈앞에 쌓여 있네.
스프, 고기, 생선, 샐러드 차례로 나오고
나이프, 포크, 스푼, 접시 번갈아 사용하네
때아닌 진귀한 과일 유리그릇에 올라오고
각종 향기로운 술이 유리잔에 가득하네.
디저트로 커피 나와 마신 다음에
긴 회랑을 산보하며 담배 피우네.

舖巾長桌食單開.　　牛奶麵包當面堆.
羹肉魚蔬供次第,　　刀叉匙楪換輪回.
不時珍果登玻架,　　各樣香醪滿瑪杯.
終到珈琲茶進後,　　長廊散步吸烟來.

나가사키항에 이르러
抵長崎港

바닷가에 산봉우리 불쑥 나타나더니
뱃사람이 가리키며 나가사키라 하네.
일본의 경장¹⁾을 여기에서 보겠으니
집이며 거리 항구가 모두 서양식일세.

海上峰巒忽逞奇.　　舟人指點是長崎.
和國更張從此見,　　屋樓街港盡西規.

---

1) 그가 세계일주를 떠나기 2년 전에 조선에서 갑오경장이 실시되었다. 당시 일본에서는 명치유신이 자리를 잡고 있었는데, 그는 일본의 유신을 조선식으로 경장이라 표현하였다.

시모노세키를 지나면서
過赤馬關

연일 배를 달려도 안개는 걷히지 않고
먼 봉우리만 이따금 거울 속에 들어오네.
밤 깊어 시모노세키 앞을 지나노라니
배 멈추고 한번 둘러보지 못하는 게 한스러워라.[1]

連日舟行霧不開.　　遠峯時自鏡中來.
夜深赤馬關前過,　　恨未停輪一覽廻.

■
1) 4월 14일(음력 2일) 새벽에 비가 내리고 흐렸다. 오전 8시 정각에 화륜선이 앞으로 나아갔다. 수시로 섬들이 눈에 들어오니 내해(內海)임을 알 수 있다. 시모노세키를 이미 지나, 아쉽게도 그곳에 올라가 보지 못하였다. ─ 민영환 『해천추범』
객실 창문이 동그랗기에 "먼 봉우리가 이따금 거울 속으로 들어"온다고 표현했다.

고베에 잠시 배를 대고서
暫泊神戶

고베는 근년에야 이름 알려졌는데
대도시 곳곳마다 몹시 개명했네.
다른 나라 사람 손을 빌려 경영한 게 아니라
모두다 일본인들이 힘써 이뤘다네.

神戶年來始著名.	大都會處極開明.
經營不待他人手,	盡是和民奮勵成.

요코하마에 들르다
次橫濱

상해를 어찌 요코하마에 견주랴.
부두와 거리, 상점들이 다투어 새로워지네.
게다가 기차까지 있어 번개 같으니
도쿄까지 곧바로 한 시간이면 이른다네.[1]

上洋何似此橫濱.　　碼路樓舖競鬪新.
還有汽車能電掣,　　東京直抵半時辰.

---

1) 4월 6일 (줄임) (요코하마) 기차역에 가서 기차를 타고 한 시간 만에 80
리를 가서, 도쿄의 우리 공사관으로 갔다. —『해천추범』

화륜차를 타고 도쿄에 들어가다
乘火輪車 入東京

도쿄에 이르고 보니 눈이 황홀해져
번화한 도시로는 이곳이 으뜸일세.
사람이 구경하기에 겨를이 없게 하니
마치 산음의 길 가는 것¹⁾ 같구나.

及到東京眼忽明,　　繁華形勝此專名.
令人應接眞無暇,　　絶似山陰道上行.

━━━━━
1) 산음 길을 가노라면 산천의 경치가 아름다워, 사람으로 하여금 구경하느라 겨를이 없게 한다[從山陰道上行, 山川自相映發, 使人應接不暇]-『세설신어(世說新語)』언어(言語)2
진나라 왕휘지가 벗 대규를 찾아 늘 산음 길을 다니며 감탄한 표현이다.

우리 공사관에 머물러 하룻밤을 자며 서기 유찬에게 지어 보이다
我公館止宿一宵 示劉書記燦

해외의 인연이란 본래 기약 못해
등불 돋우며 이야기하다 보니 하룻밤이 짧구나.
아침밥까지 우리 식으로 지어 주니 너무 고마워[1)]
집에 있을 때보다 도리어 낫구나.[2)]

海外萍緣本不期,   挑燈却話一宵遲.
多謝朝餐炊我法,   適宜還勝在家時.

■
1) 4월 17일(음5일) 맑고 아침엔 쌀쌀했다. 각자 집에 편지를 써서 우편으로 부쳤다. 유서기가 아침을 한 상 차렸는데, 우리 식으로 조촐하게 준비하였다. 계속 서양식사만 하다가 많이 먹었더니 위가 놀랐다. ―『해천추범』
2) 정갈하게 마련한 반찬이 하나같이 우리식이어서 아주 입에 맞았다. (원주)

태평양에서 일출을 보다
太平洋 觀日出

고래 악어 물결이 드넓어 끝이 없는데
지척의 부상[1]이 눈앞에 있구나.
만 줄기 붉은 빛이 바다 밑까지 퍼지더니
한덩이 아침 해가 하늘로 불쑥 떠오르네.[2]

鯨濤鱷浪浩無邊,　　咫尺扶桑在眼前.
萬道紅光通海底,　　一輪初日忽昇天.

■
1) 부상은 동해 가운데 있었다는 큰 신목(神木)인데, 그 신목이 있는 나라나 해가 뜨는 곳을 다 '부상(扶桑)'이라고 하였다.
2) 4월 26일(음14일) 맑다. 오전 4시에 잠에서 깼다. 갑판에 올라 사방을 바라보니 물과 하늘이 서로 닿아 있다. 갑자기 동쪽에서 붉은 빛이 나왔다 사라졌다. 만 갈래가 눈을 쏘더니, 조금 있다가 태양이 끓어올랐다. 그 크기가 비할 데 없으니, 참으로 장관이 아닐 수 없다. 밤이 되자 북풍이 크게 일었다. ─『해천추범』

밤새도록 북풍이 크게 불어 배가 더욱 심히 흔들리기에 저절로 나그네 시름이 일어나다
徹夜北風大作 船簸尤甚 令人自動羈懷

늦봄 날씨가 가을보다 싸늘해
밤새도록 북풍이 불며 비도 그치지 않네.
머나먼 이역이라 날씨도 다르고
나그네 신세라 세월 유독 빠르구나.
외로운 배로 태평양을 곧바로 건너[1]
내일이면 미국 길에 오른다건만,
앞길을 헤아려보니 절반도 오지 못해
바쁜 행색에 잠시도 쉬기 어렵구나.

暮春天氣冷於秋,	徹夜罡風雨不收.
遠域方知時候異,	羈懷偏覺歲萃流.
孤帆直渡太平海,	明日將登美駕洲.
更算前途猶未半,	忩忩行色暫難休.

---

1) 4월 23일(음11일) 아침에 비 오고 저녁에 흐리다. 뱃사람이 "일전에 배가 요동친 것은 바람이 크게 일었을 뿐만 아니라 이 항로는 원래 며칠간의 험한 파도가 있어서 그렇다"고 말했다. 앞으로는 편안하고 근심이 없을 것이라고 하니, '크게 평온한 바다(太平洋)'라는 이름에 맞는 것 같다. 그 말을 들으니 매우 기쁘고 다행스럽다. ―『해천추범』

밴쿠버 항구에 상륙하다
登鸞口港[1]

기선을 타고 열사흘 동안
나그네 마음이 어찌나 아득하든지,
머리 돌리면 석목[2]이 아득한데
파도 헤치며 부상을 지났네.
하늘이 바다까지 드리워진 곳만 보다가
어느덧 해안에 닿는단 소식 들리네.
잠시 밴쿠버 항에 올랐다가
다시 대서양을 건너야겠네.

駕艦十三日, 　　客心何杳茫.
回頭迷析木, 　　濯足過扶桑.
但看天垂水, 　　旋聞岸接彊.
暫登鸞口港, 　　更渡大西洋.

■
1) 카나다는 지금 영국에 속해 있는데, 요코하마에서 여기까지 일만 삼천여 리이다. (원주)
2) 석목은 미수(尾宿)와 기수(箕宿) 사이에 해당되는 성차(星次)인데, 방위로는 인방(寅方)이다. 이 시에서는 동방인 우리나라를 가리킨다.

카나다에서 기차를 타고 동쪽으로 구천 리를 가면서

坎拿大 乘火輪車 向東行九千餘里

철로를 타고 가는 기차바퀴가 나는 듯 빠르구나.
가건 쉬건 마음대로 조금도 어김이 없네.
이치를 꿰뚫어 이 법을 알아낸 사람이 그 누구던가.[1]
차 한 잎을 달이다가 신기한 기계를 만들어냈네.

汽輪駕鐵迅如飛.　　行止隨心少不違.
透理何人知此法,　　泡茶一葉刱神機.

바람과 번개같이 달리며 가파른 산 오르니
만 줄기 물 천 줄기 산을 눈 깜짝할 사이에 지나가네.
장방의 축지법[2]도 오히려 번거로우니
열흘 동안 역마가 달려갈 길을 순식간에 가누나.

風馳電掣上嵯峨.　　萬水千山瞥眼過.
長房縮地還多事,　　十日郵程在刹那.

---

1) 옛날에 영국인 와트가 차 주전자의 물이 끓자 (수증기 기운으로) 주전자 뚜껑이 들썩거리는 것을 보고, 이를 미루어 이치를 꿰뚫고 처음으로 증기기관을 발명하였다. (원주)
2) 후한(後漢)의 비장방(費長房)이 신선 호공(壺公)에게서 선술(仙術)을 배웠는데, 지맥을 단축시켜 천리 밖의 사물을 눈앞에 끌어다 볼 수 있었다고 한다.

큰 들판을 지나며
經大野[1]

망망한 들빛이 삼천 리나 뻗어
아무리 보아도 끝이 없고 하늘만 보이네.
그 옛날 요동 벌판을 비교하지 말찌니
작은 산천 돌아보면 견디기 어려우리라.

茫茫野色亘三千.　　極望無邊但見天.
莫放昔年遼薊眼,　　不堪回首小山川.

---

1) 영국에 속한 땅이다. (원주)

슈피리어 큰 호수를 지나며
過藪蔽羅如大湖

쪽 같은 물빛이 거울같이 펼쳐져
동남으로 툭 트이며 하늘에 맞닿았네.
영국 영토와 비교하면 둘레가 갑절이나 되니
오대주 가운데 으뜸 가는 호수일세.[1]

水色如藍鏡面舖.　　東南坼盡接虛無.
較英版地周爲倍,　　五大洲中第一湖.

---

[1] 5월 4일(음22일) 맑다. (오늘) 지나는 곳도 역시 산길이다. 슈피리어(Superior)라는 이름의 한 호수가 있어 그 크기가 영국의 갑절이나 되는데, 넓이는 몇천 리인지 알 수 없다. 호수 표면은 거울같이 평온하고, 섬들은 바둑돌같이 널려 있다. 물은 쪽빛이고 맛은 담백하니, 이 호수가 오대주 가운데 으뜸이다. 기차는 온종일 호수를 끼고 달려갔다. 숨통이 트이듯 상쾌해서 세파에 찌든 근심을 씻을 수 있었다. ─『해천추범』

뉴욕[1]의 부유하고 번화함이 입으로 형언할 수 없고 붓으로도 기술할 수 없다
紐約之殷富繁華 口難形言 筆難記述[2]

늘 봄날 같은 동산 안에 근심 없는 곳
밤이 없는 성 안에 극락이 있네.
항구의 주민이 삼백만이나 되어[2]
금을 흙같이 쓰고 술을 물같이 마셔대네.

長春園裡無愁地.　　不夜城中極樂天.
港內居人三百萬,　　揮金如土酒如泉.

■
1) 지구상에 둘째가는 항구이다. (원주)
2) 5월 8일(음26일) 맑다. (줄임) 좌우의 시가와 4-5층에서 10여 층에 이르기까지 금빛 벽이 눈부시고, 밤에는 전기와 가스 불빛이 밝아 별빛과 달빛을 빼앗는다. 거리 위에는 다리를 놓고 철로를 만들어 기차가 다니는데, 가는 곳마다 그렇다. 주민은 300만에 가까워 사람 어깨끼리 맞부딪치고 수레바퀴끼리 맞부딪쳐 밤낮으로 끊이지 않는다. 노랫소리와 놀이가 사철 끊이지 않아, 늘 봄날 같은 동산 안에 근심 없는 곳, 밤이 없는 성 안에 극락이 있다고 할 만하다. ―『해천추범』

뉴욕 전기박람회에 가서 보니 세상의 많은 물건들이 모두 전기 기계로 만들어졌다. 관현은 저절로 연주되고, 차와 떡도 순식간에 만들어졌다. 그 가운데 가장 기이한 것은 오백리 밖에 있는 큰 폭포의 소리를 끌어와 물그릇 속에 담아 놓은 것이다. 귀를 기울여 들으면 사람을 오싹하게 한다.

往觀紐約電氣博覽會 世間凡物 皆以電機造成 且管絃自奏 茶餠霎備 而其中最奇者 五百里外有大瀑 引其聲 貯水器中 側耳聽之 令人生懍

온갖 물건들이 저마다 공을 이루니
전기가 수레를 돌려 조화옹의 솜씨 빼앗았네.
그 중 가장 괴이하고 헤아릴 수 없는 이치는
빈산의 폭포소리가 통 속에서 들리는 것일세.[1]

千形萬象各成功.　　一電翻輪奪化工.
最是恠奇難測理,　　空山瀑響在筩中.

---

1) 5월 8일(음26일) 맑다. (줄임) 오후 7시 정각에 전기박람회사에 갔다. 통신이나 등불뿐만 아니라 천 가지 만 가지 물건이 전기로 만들어지지 않은 것이 없으니, 모두 다 기록할 수가 없다. 그 가운데 더욱 기이한 것은 여기에서 500리 밖에 큰 폭포가 하나 있는데, 그 웅장한 소리를 전기로 끌어들여 작은 통 속에 모아놓은 것이다. 귀 기울여 들으면 물이 힘차게 떨어져서 사람을 오싹하게 한다. 또 관(管)과 현(絃)을 섞어 연주하는데 음절에 차이가 없다. 차와 떡을 내오는데 모두 눈앞에서 순식간에 만드니, 참으로 상상할 수 없이 신기한 일이다. ─『해천추범』

대서양 배 안에서
大西洋舟中

집 떠난 지 석 달인데
사만 리 길이 어찌 이리도 먼지.
풍속이 다른 여러 나라를 보며
기이한 옷차림으로 큰 바다를 건너네.
어버이 그리울 때마다 자주 꿈을 꾸고
대궐을 바라보며 늘 편지를 봉하네.[1]
사신의 임무를 언제나 마치려는지
하늘가에서 쉴 겨를이 없구나.

離家三閱月,　　四萬路何長.
殊俗觀諸國,　　畸裝涉大洋.
思親頻托夢,　　望闕每封章.
使事何時竣,　　天涯處未遑.

▪
1) 이따금 공사(公事)가 있으면 자주 전보로 주문(奏文)을 대신하였다. (원주)

대서양을 험난하다고 하는데 뱃길 구천 리를
지금 무사히 건너 리버풀 항구에 닿았다
  大西洋素稱多險 船行九千里 今得利涉 抵于爾
別佛港口[1]

배 탄 지 이레를 쉼 없이 오는 동안
험한 물살 고요하여 내내 평온했네.
파도가 충과 신을 알아본 게 아니라
이번 뱃길은 오로지 황령께서 지켜 주셨네.[2]

  開船七日暫無停.   化險爲夷一路寧.
  非敢波濤識忠信,   此行專是仗皇靈.

■
1) (리버풀 항구는) 영국 땅으로 지구에서 첫째 가는 항구이다. (원주)
2) 5월 10일(음28일) 맑다. 배 나아가는 것이 아주 평온하다. 갑판에 올라가 주위를 보니 넓고 크고 아득해 끝이 없다. 이 바다는 원래 파도가 험한 곳이라고 알려졌는데, 이제 험하지 않고 편안하게 되었다. 우리 대군주폐하의 황령(皇靈)이 돕지 않으면 어찌 이렇게 되랴. ─『해천추범』

영국 수도 런던에 들어가며
入英都倫敦[1)]

정치는 런던이 성대하니
군주와 백성들이 서로 신뢰하네.
다섯 대륙 제패한 나라로 불리며
천년 동안 이름난 도시로 자리잡았네.
하늘나라 신선이 사는 곳
인간세상의 부귀한 그림일세.
내가 와서 아름다운 풍속을 보니
꽃과 달이 온 성과 길에 가득하구나.

政治倫敦盛,　　君民意共孚.
五洲稱覇國,　　千載鎭名都.
天上神仙境,　　人間富貴圖.
我來觀俗美,　　花月滿城衢.

■
1) 기차로 바꿔 타고 갔다. (원주)

런던에서 기차를 타고 삼백여 리를 가서 새
벽에 화륜선을 타고 아침에 플나싱 항구에
정박했으니 네덜란드 동쪽 국경이다
自倫敦 汽車行三百餘里 曉乘輪船 朝泊佛羅勝
港口 卽荷蘭東界也

배 타고 밤새 달려 네덜란드에 도착하니
동쪽으로 국경이 독일에 이어졌네.[1]
바닷가 낮은 지대가 지금은 비옥한 땅이니
풍차 돌리고 둑을 쌓아 네덜란드를 지켜 주네.

舟行半夜到荷蘭.　　東界相連日耳曼.[2]
近海低窪今沃野,　　設輪築壩障波瀾.[3]

■
1) 5월 16일(음4일) 흐리다. (줄임) 오후 6시에 또 기차를 타고 300리를 가서 오후 10시에 퀸스보로에 도착하여, 배를 타고 떠났다.
   5월 17일(음5일) 맑다. 배로 500여 리를 가서 오전 6시에 네덜란드 국경 플나싱 항구(Port Pulnasing)에 내렸다. 곧 기차를 타고 하루 종일 달렸다. 1,600리를 가서 독일 수도 베를린에 도착하여 프레드릭 철도호텔에 들어가 저녁을 먹고 좀 쉬었다. ―『해천추범』
2) (일이만은) 독일이다. (원주)
3) 지세가 평탄하여 늘 바닷물이 스며들었다. 풍차를 설치하여 물을 빼고 둑을 쌓자, 이제는 기름진 땅이 되어 푸른 이삭이 넘실댄다. (원주)

독일 서울 베를린을 지나며
過德京柏林

프랑스와 싸운 몇 년 사이에 몹시 부강해져
육군의 굳세고 정예함이 서양의 으뜸일세.
부럽구나! 아직도 질박함을 숭상하여
온갖 기술로 장인정신 훌륭하다 칭찬받네.[1)]

戰佛年來極富強.　　陸軍勁銳冠西洋.
還憐尚質留餘地,　　百藝都稱匠意良.[2)]

■
1) 5월 17일(음5일) 맑다. (줄임) 프랑스와 싸운 뒤부터 부강이 계속되어 날로 향상되니, 어느 나라도 이에 비교할 수가 없다. 학교가 정밀하고 아름다우며, 육군은 굳세고 정예롭다. 의술과 음률도 더 이상 이를 수가 없다. 각국의 모든 학자들은 이미 졸업했어도 반드시 이 나라에서 교정 받은 뒤에야 세상에 나갈 수 있다. 모든 시설이 런던에 떨어지지 않으면서도, 조금 순박하고 옛 풍치가 있다. ―『해천추범』
2) 독일은 민속이 질박하고 온갖 장인들이 몹시 정교하여 세계 최고이다. (원주)

폴란드의 옛서울
波蘭國古都[1]

지난날 폴란드의 수도
지금은 러시아의 일개 성이 되었네.
여전히 궁궐은 남아있어
아직도 저녁 종소리 들려오네.

昔日波蘭國,　　今俄一府城.
依然宮闕在,　　還數暮鍾聲.

노래와 춤이 울려퍼지던 번화한 땅에
떨어지고 남은 꽃만 적막하게 붉구나.
남은 백성들 나라 잃은 슬픔에
때때로 봄바람에 눈물 흘리네.

歌舞繁華地,　　殘花寂寞紅.
遺民禾黍感,　　時有泣春風.

■
1) 지금은 러시아의 국경 초입이다. (원주)

러시아 국경에 이르자 무관 한 명과 외부 관리 한 명이 와서 맞이하였다
到俄境 武將一人 外部官一人來候

사절단이 동방에서 왔다는 소식을 먼저 듣고
두 관리를 파견해 갈 길을 인도하네.[1]
뒤에는 식당차가 언제나 달려 있어
식사가 나올 적에 붉은 술잔을 건배하네.

先聞使節自東來.　　爲遣雙官引路開.
厨傳後車常不絶,　　加餐時進紫霞杯.

■
1) 5월 18일(음6일) 맑다. (줄임) 외부 관리 블란손이 파견되어 오후 9시에 와서 인사하고, 내일 같이 간다고 하였다.
5월 19일(음7일) 맑다. 오전 8시 정각에 무관 파스코프가 인사하러 왔다. 예전에 대장을 지내고 지금은 이곳의 부제독으로 있는데, 사신 일행을 호위하고 모시기 위해 모스크바로 같이 간다. 따로 관용 기차를 정해 다른 사람은 타는 것을 허용치 않았다. 식사하는 곳도 마련했으니, 정부의 명령에 따라 특별히 우대받는 것이다. -『해천추범』

모스크바에 도착하여 러시아 황제의 행차를 구경하다
到毛壽古[1] 觀俄皇動駕

길가에 기병과 보병을 두 줄씩 벌려 세우고
창검이 숲같이 늘어섰지만 아무 소리 들리지 않네.
금빛 수놓은 옷차림 관원들 속에
여섯 마리 말이 끄는 마차에 모두 황족들일세.[2]

路上重排馬步軍.   釖鎗森列靜無聞.
繡金衣帽千官裡,   六駕安車是戚勳.

지위 존귀한 황제가 군사제도를 숭상해
부대 따라 푸른 복장으로 말 타고 가네.
손 들어 눈썹에 대고 천천히 고삐 잡으니
길에 가득한 남녀들이 '우라!' 소리를 외치네.[3]

■
1) 러시아국의 옛 수도이다. (원주)
2) 5월 21일(음9일) 맑다. (줄임) 러시아 황제가 지나는 길에는 보병이 총을 들고 어깨를 나란히 하여 늘어선 것이 좌우로 각각 두 줄이고, 뒤에는 기병과 말을 탄 순경들이 역시 늘어서 있다. (줄임) 황태후는 마차를 탔고, 황후도 마차를 탔는데 몹시 화려하다. (남녀 시종관원들은 모두 곁에서 말을 탔는데, 황금관을 쓰고 황금옷을 입었다.) 양편에서 '우라!' 소리가 계속되었다. 황족 남녀들도 마차를 타고 (여섯 마리 말이 끄는데, 붉은 바퀴에 황금지붕이다) 그 다음으로 간다. —『해천추범』

位尊皇帝尙編兵.　　隨隊靑裝騎馬行.
擧手加眉徐按轡,　　滿街齊唱佑羅聲.⁴⁾

우림위 의장이 몹시 호화스러워
비단으로 꾸민 금빛 수레 다투어 인도하네.
태후가 앞서 가고 황후가 뒤에 따르니
하늘에서 선녀가 내려온 듯해라.

羽林衣仗極奢華.　　爭導金輿飾綺羅.
太后先行皇后後,　　疑從天上降仙娥.

■
3) (우라는) 우리나라에서 만세를 외치는 것과 같다. (원주)
4) 시간이 되자 (복장이 모두 다른) 마차의 각 대(隊)가 앞에서 나가고, 여러 문무 (文武) 관원들이 마차를 타고 그 다음으로 간다(마차는 네 마리 말이 끌고, 붉은 바퀴에 황금지붕이다). 조금 있다가 황제가 육군복장(푸른빛이다. 러시아는 군사제도를 소중히 여기는데, 황제는 존귀하기 때문에 반드시 육군복장을 입는다. 지금 황제는 일찍이 육군부대에 편성되어 지위가 참령을 넘지 않았다. 부대에 따라 고유의 복장을 입는다)에 흰 말을 타고 고삐를 잡고 천천히 가는데, 군민(軍民) 남녀들이 이를 보고 모자를 벗고 일제히 '우라(만세)!' 하고 외치는 소리가 천지를 진동시킨다. ―『해천추범』

러시아 궁궐에 들어가 친서와 예물을 바치다
入俄闕 呈親書暨土儀

옛 궁궐 크렘린은 웅장한 황제의 처소
세 번 절하고 친서를 바쳤네.
관을 벗고 일어서서 친절하게 말씀하시더니
서방에서 사신 행차 왔다고 기쁘게 보시네.[1]

舊闕龜林壯帝居.　　鞠躬三進獻親書.
免冠起立慇勤語,　　喜見西方到使車.

---

[1] 5월 22일(음10일) 맑다. (줄임) 황제는 관을 벗고 일어서 있고, 황후 또한 일어서 있다. (줄임) 나는 황제와 황후를 향해 안부를 묻고, 다시 황태후의 안부를 물었다. 황제가 영어로 대답하기를 "대조선국에서 사신을 파견해 온다고 하여 대단히 기뻤는데, 이제 평안히 도착했으니 더욱 기쁘게 생각한다"고 하였다. (줄임) 이어 물러나와 전같이 세 번 절하였다. 예관이 인도하여 문을 나와 마차를 타고 공관으로 돌아왔다. ─『해천추범』

오월 이십육일은 러시아 황제의 경사스런 예식인 대관식 날이라, 각국 사신들이 축하하는 반열에 들어가 참석하였다[1]
五月二十六日 卽俄皇戴冠慶禮 各國使入參賀班

양궁의 성대한 축전이 기일에 맞춰 준비되어
예배당 안에서 함께 왕관을 썼네.
먼저 주교를 뵙고 축하를 받으니[2]
옥계에 금장으로 여러 관원이 늘어섰네.

兩宮盛典趁期完.　　禮拜堂中共戴冠.
先見敎師方受賀,　　玉階金仗列千官.

---

1) 20여 국의 사신들이 모두 모여 연회를 열었다. (원주)
2) 5월 26일(음14일) 맑다. (줄임) (의장대가) 궁 밖에서 호위하고 황제와 황후가 예배당에 들어간 지 얼마 안 되어 종소리가 계속되었다. 황제의 관을 쓴 뒤에 희랍 교주의 기원과 축복을 받는 것이라 한다. 교주 두 사람이 축복하는데, 한 사람은 물주발을 가지고, 한 사람은 짧은 비를 가지고 황제가 가는 길을 두루 쓴다. 이를 성수세진(聖水洗塵)이라 한다. —『해천추범』

구슬 궁전 높은 곳에 비단장막이 펼쳐져
휘황찬란한 폐백들이 차례로 들어오네.
옥 같은 술과 안주에 다같이 맘껏 취했으니[3]
이 몸이 봉래산에 왔나 의심스럽구나.

珠宮高處錦筵開.　　聘幣煌煌取次來.
玉液瓊漿同盡醉,　　此身疑是到蓬萊.

---

3) 5월 16일 (줄임) 궁 내부에 큰 천막을 펼치고 연회를 열었다. 각국 사신 일행과 대관식에 참석한 모든 관원, 남녀들이 탁자에 같이 앉았는데, 안주가 풍성하고도 깔끔하다. ─『해천추범』

도성에 가득 사흘 밤 동안 등불을 켜다
滿都三夜點燈

황실에 경사 있어 백성들이 축하하느라
오색 등불을 사흘 밤이나 잇달아 켜 놓았네.
문과 벽이 휘황찬란해 빈 틈이 없고
길가에 횃대를 세워 무지개다리 만들었네.
형형색색 억만이나 되는 유리 등잔에
전기와 가스 촛불이 한꺼번에 타오르네.
온 도시 거리와 골목에 붉은 불빛이 가득해
이곳저곳 할 것 없이 대낮같이 밝고 환하구나.
게다가 크렘린 궁전 뜰안에는
전등 켜진 높은 탑이 구층 하늘까지 치솟아,[1]
오색 유리를 공교롭게 걸어 두니
영롱하고 찬란하여 그려내기 힘들구나.
곳곳마다 평지에서 화산이 분출하듯
깜박이고 번쩍이며 오래오래 꺼지지 않네.
바다에선 이무기가 황홀하게 숨 내뱉으니

■
1) 5월 16일 (줄임) 크렘린 궁의 담장 안을 둘러보니 그 안의 예배당과 여러 곳에 높이 솟은 탑이 있는데, 오색 유리를 층층마다 그물같이 엮어서 전기로 빛을 내니 영롱하고 찬란하여 사람의 눈을 어지럽혔다. —『해천추범』

화려한 용궁이 저 멀리 떠 있구나.
완연히 요지(瑤池)[2]에서 신선 잔치를 베푼 듯
봉황의 골수와 용의 기름을 밤새도록 태우네.
광릉의 등불 구경을 어찌 말하랴
오산의 은나무도 너무나 초라해라.[3]
더구나 오늘날 문명세계를 만나
임금과 백성이 함께 즐기며 풍악을 울림에랴.
우리는 동방에서 옥절 잡고 온 사신으로
좋은 밤에 태평시대 노래를 맘껏 듣는구나.

皇家有慶民祝賀,　　結彩張燈連三宵.
門壁輝煌無隙地,　　路傍立架作浮橋,
色色形形萬億盞.　　電煤油燭一時挑,
滿都街巷同朱燄.　　通明如晝無近遙.
復有龜林宮垣內,　　電樓電塔聳九霄.
五色玻璃工搭結.　　玲瓏璀璨畫難描,

■
2) 서왕모(西王母)가 산다는 전설상의 못인데, 곤륜산에 있다고 한다. 서왕모가 파랑새(靑鳥)를 보내어 신선이나 사람들을 요지의 잔치에 초대하였다.
3) 5월 26일 (줄임) 옛사람은 중국 광릉에서 등불 구경하는 것을 오산화수라고 매우 칭찬했는데, 이 (크렘린 궁)같이 기묘한 구경거리는 참으로 생각할 수도 없었다. ―『해천추범』

處處炎山湧平地.　熒光閃鑠久不銷.
海上怳惚蜃噓氣,　珠宮貝闕懸迢迢.
完如瑤池敞仙宴,　鳳髓龍膏徹夜燒,
廣陵觀燈何足道,　鰲山銀樹太蕭條.
況值今日文明世.　君民共樂奏笙簫.
我從東方仗玉節,　良夜來聽太平謠.

황궁에서 밤에 연극을 보다
皇宮夜觀戲子

둥근 집에 수만 명을 수용할 수 있어
황제가 친히 임하여 새벽까지 연극을 즐기네.
옛일을 공연하는데 마치 참모습 같아
순식간에 변하고 홀리니 다채롭고도 새롭구나.[1]

圓屋能容數萬人.　　親臨玩戲到淸晨.
演來古事如眞境,　　變幻須臾色色新.

---

1) 5월 29일(음17일) 맑다. (줄임) 둥근 집의 높이는 7층이고, 매층의 높이는 오륙백 칸쯤 되었다. 매 칸마다 여덟 명이 앉았으니, 모인 사람이 일만 여 명은 되었다. 황제와 황후가 나오자 전면에 무대를 설치하고 옛일을 공연하는데, 그 내용은 자세히 알 수 없었다. 혼인하거나 시집가는 모양도 있고, 전쟁하는 형상도 있다. 사실적이고 하나도 틀린 것이 없으니, 참으로 기이한 구경거리였다. ─『해천추범』
5월 29일자 윤치호의 일기에 의하면 이날 프로그램은 두 가지였는데, 하나는 러시아 역사에 관한 것이고, 다른 하나는 젊음의 축제에 관한 것이었다. 음악이 매우 좋은데다, 공연도 아름답고 우아하다고 했다.

만민 잔치
萬民宴

넓은 들판에 높은 누각을 세우고
황제와 황후가 수레를 타고 왔네.
사방에 사람들이 바다같이 모여
기뻐하는 소리가 천둥같이 뒤흔드는구나.
저마다 선물을 받아드니
떡과 고기에다 술도 몇 잔씩일세.[1]
황실에서 대관식을 경하하느라고
오늘 이 잔치를 열었으니,
종소리와 북소리가 천지에 떠들썩하고
광대들은 몇 차례나 연극을 공연하네.[2]
이게 바로 임금과 백성이 함께 즐기는 것이니
위아래가 참마음으로 기뻐하네.

■
1) 5월 30일(음18일) 맑다. 오후 1시에 궁내부의 청첩이 있어 만민연(萬民宴)에 갔다. 궁전에서 북쪽으로 십여 리 되는 넓은 들판에 여러 층의 누각을 새로 지었다. 황제와 황후가 행차하였다. 좌우에 날개집이 있어 의자를 설치했는데, 좌석이 수십 층이라 일만 명은 수용할 수 있다. 넓은 들판에 모인 남녀가 몇만 명인지 알 수 없다. 대관식 절차를 소개한 책 한 권과 떡 한 덩어리, 고기 한 덩어리를 자기(磁器)에 가득 담아, 그림이 그려진 보자기에 싸서 모두에게 나눠 주었다.
2) 5월 30일 (줄임) 포를 쏘고 악기를 연주하며 사방에서 연극을 공연했다. (거리가 멀어서 자세히 볼 수 없었다.) ─ 『해천추범』

진시황의 큰 잔치[3] 이야기야 예전에 들었지만
서방에 와서 비로소 보는구나.

曠野築高臺,　　兩宮動駕來.
四方滾人海,　　歡聲震如雷.
各受頒賜物,　　餅肉酒數杯.
皇室戴冠慶,　　今日此宴開.
鍾皷喧天地,　　戱子演幾回.
是爲同民樂,　　上下誠心恢.
昔聞大酺式,　　西土始見哉.

---

3) 25년 (줄임) 5월, 천하에 큰 잔치를 베풀었다. ―『사기』「진시황본기」
　진시황이 천하를 통일하고 큰 잔치를 베풀었는데, 원문의 대포(大酺)를 장수절의 「정의(正義)」에서 "천하 사람들이 기뻐 즐거워하며 크게 술을 마신 것이다"라고 설명하였다.

모스코바 공관에서 꿈을 꾸다[1]
毛壽古公館紀夢

어젯밤에 부모님을 뵈었더니
네가 어떻게 여기 왔단 말이냐 하셨네.
사행 일을 다 마치고
돌아오는 길에 고생은 없었느냐.
다시 절하고 어머님 환후를 여쭈었더니
"네가 떠날 때보다 조금 나았다.
먹고 자는 것도 아직은 별탈이 없고
다리도 굽히고 펼 수 있다.
오늘이 네 생일이니
사월 하고도 중순이라,
마을 문에 기대어 하염없이 바라보다가[2]
이제 너를 보니 즐거움이 넘치는구나" 하셨네.

---

1) 때는 음력 4월 20일 밤이다. (원주)
2) 왕손가(王孫賈)가 15세에 민왕(閔王)을 섬겼는데, 왕이 달아나 있는 곳을 모르게 되었다. 그러자 그의 어머니가 그에게 말했다.
"나는 네가 아침에 나갔다 늦게 돌아오면 문에 기대어 바라보고, 네가 저녁에 나갔다 돌아오지 않으면 동구 밖에 기대어 기다린다. 그런데 너는 지금 임금을 섬기면서, 임금이 달아나버려 있는 곳을 모르게 되었는데, 내가 (찾지 않고) 어찌 돌아오느냐?" —《전국책(戰國策)》〈제책(齊策)〉
려(閭)는 마을 입구에 있는 문이다. 의려지망(倚閭之望)은 집 나간 자식을 기다리는 부모의 심정을 가리킨다.

집안사람들이 다투어 모여들어
단란하게 웃고 말하느라 떠들썩하네.
며느리는 다행히 병에서 회복되고
아이의 글공부도 나날이 새로워진다네.
아내는 먼 사행길을 위로하며
옷에 가득한 먼지를 털어 주었네.
두견주도 빚어 놓고
옹두춘[3]도 걸러 놓았네.
소반에는 갖가지 나물을 올리고
노구솥에는 은잉어를 삶아,
이미 취했는데 더 마시라 권하니
이 즐거움이 천륜을 펼쳐내누나.
이웃집 닭이 꼬끼오 울어
놀라 깨어서 몸을 뒤척이니,
덧없는 하룻밤 꿈이건만
아직도 황홀해 정신을 차릴 수 없구나.
오만 리 머나먼 길을
무슨 수로 달려갔을까.

■
3) 『요재지이』에 나오는 술인데, 여담은(呂湛恩)은 "처음 익은 술"이라 주
석하고, 하은(何垠)은 "술 이름"이라고 주석했다.

하나하나 집안의 일들이
너무나 또렷하게 눈앞에 펼쳐졌지.
아아! 고향이 간절히 그립다보니
한낮의 그리움이 밤에도 이어졌구나.
일어나 상세히 기록했으니
돌아가면 참인지 거짓인지 따져보리라.

昨夜拜兩親.　　日汝何能臻.
使是間已竣,　　歸路免苦辛.
復拜問慈患,　　差勝汝去辰.
寢啖姑無損,　　脚麻能屈伸.
此日汝生日,　　四月之中旬.
倚閭望不已,　　今見喜津津.
家人競來集,　　團圞笑語頻.
兒婦幸蘇復,　　兒課稍日新.
山妻慰遠役,　　拂拭滿衣塵.
釀置杜鵑酒,　　爲醶甕頭春.
盤登蓬蒿菜,　　大鍋煮銀鱗.
旣醉猶勸飮,　　此樂敍天倫.
隣鷄唱喔喔,　　驚覺忽翻身.
蘧然一夢耳,　　怳惚難定神.
長程五萬里,　　那由轉尻輪.

一一家中事,　　歷歷眼前陳.
嗟余望鄉切,　　晝思夜或因.
起來詳記得,　　歸日較贗眞.

모스크바 공관에서
毛壽古公館卽事

올 때에는 공관의 나뭇잎이 파릇하더니
며칠 따뜻한 바람 불자 꽃망울 터졌네.
이곳에도 손님 반기는 서양 하인이 있어
화병에 푸른 정향을 꽂아 주는구나.

來時館樹葉初蒼.　　數日暄風綻衆芳.
猶有洋奴能悅客,　　膽瓶爲供碧丁香.[1)]

새끼 제비 날아다닐 뿐 한낮이 긴데
깊숙한 정원에 비가 지나더니 조금 서늘해지네.
능금은 열매 맺고 장미는 시드니
풍경이 조금이나마 고향 같구나.

乳燕飛飛白日長.　　雨過溪院動微凉.
林檎結子薔薇老,　　風景依俙似故鄕.

1) 정향은 대부분 푸른 빛이다. (원주)

서양미인가
西國麗人行

서양 풍속이 옛부터 여인을 존중하여
귀한 손님과 마주앉는 것도 꺼리지 않네
입맞춤과 악수에 정이 더욱 돈독해지고
술 시키고 차를 평하며 이야기 다시 새로워지네.

西國由來重女人.　　不嫌雜坐對佳賓.
接脣握手情尤篤,　　呼酒評茶話更新.

버들처럼 가는 허리에 옥 같은 살결
연지곤지 찍지 않고 눈썹 그리지 않아도
천연스런 고운 자태 저마다 지녔으니
어여쁘고 가녀려서 가누기도 어렵겠구나.

柳如腰細玉如肥.　　不用紅粧不畫眉.
艶態天然皆自有,　　娉婷裊娜似難支.

머리에는 진주장식 얼굴에는 너울을 쓰고
쌍두마차에 부축해 태워 드리네.
낭군과 손 잡고 도란도란 말하며
온종일 공원에서 여기저기 꽃구경하네.

首飾明珠面罩紗.　　扶登雙馬碧油車.
偎郞携手星星語,　　盡日公園遍看花.

온갖 교태 머금고 갖은 아양 부리며
석양에 느릿느릿 채색 다리를 건너가네.
동무들 불러서 공원 속으로 들어가
온갖 꽃 깊은 곳에 풍류소리를 듣네.

千般含態萬般嬌.　　緩步斜陽渡彩橋.
同伴招招園裡去,　　百花深處聽笙簫.

팔 걷고 가슴 드러낸 것이 최고의 예법이리
때로는 명을 받고 황궁에 들어가네.[1]
나비처럼 사뿐히 다투어 춤을 추니
땅에 끌리는 긴 치마에 수놓은 꽃 가득하구나.

袒臂披胸禮最崇.　　有時承命入皇宮.
蝴蝶輕儇爭跳舞,　　長裙拖地繡花叢.

■
1) 6월 4일(음23일) 맑다가 저물어 비가 내렸다 (줄임) 오후 8시에 궁내부 청첩으로 황궁 무도회에 갔다. 행사장과 의식 절차가 지난 28일의 접객회 때와 같았다. 귀족 남녀가 춤추고 즐기는데 술과 차, 과일과 사탕을 여러 곳에 벌여놓아 많은 사람이 마음껏 먹고 마시기에 편하게 했다. ―『해천추범』

모스코바 공관에서 달밤에 한양 친구들을 그리워하다
毛壽古公館 月夜憶漢陽親友

이별한 후 어느덧 봄이 지나니
까닭없이 옛친구[1] 꿈을 자주 꾸네.
멀리서 생각해보니 육교(六橋)[2]의 달 밝은 밤에
맑은 술잔 들고 몇 번이나 그리며 글 지었으려나.

依依一別已經春.　　舊雨無端入夢頻.
遙憶六橋明月夜,　　淸樽幾得賦懷人.

---

1) "예전에는 비가 와도 친구가 왔는데, 지금은 비가 오면 오지 않는구나." 라는 두보의 시에서 유래하여, 친구를 '구우(舊雨)'라고도 표현했다.
2) 청계천 여섯 번째 다리인 광교(廣橋)를 가리키는데, 광교 옆에 살던 역관 변진환(邊晉桓)의 집 해당루(海棠樓)에 위항시인들이 모여 시사를 결성하였다. 강위(姜瑋)가 맹주였는데, 김득련도 이 모임에 자주 참석하였다.

미국과 구라파를 돌며 장관을 구경해
시낭에[3] 풍물을 약간 거두었지.
두화(荳花) 핀 시금옥(詩琴屋)[4]에 가을비 내리면
서로 만나 초 심지 잘라가며 감상하리라.[5]

壯觀吾行繞美歐.　　奚囊風物若干收.
荳花秋雨詩琴屋,　　剪燭相逢作臥遊.[6]

■
3) 당나라 시인 이하(李賀)가 밖에 나갈 때마다 말을 타고서 종에게 낡은 비단 주머니를 들려서 따라오게 한 다음, 좋은 시 구절이 떠오를 때마다 써서 주머니에 넣었다.
4) 김득련의 서재 이름인데, 『환구음초』의 서문에서는 시금계관(詩琴谿館)이라고 하였다.
5) 원문의 와유(臥遊)는 방안에 드러누워서 기행문이나 기행시를 읽으며 여행을 간접 체험하는 것이다.
6) 시금(詩琴)은 동네 이름이다. (원주)

열병식을 보고 돌아와 장구를 쓰다
觀兵式歸題長句

서양에선 예부터 전공이 으뜸이라
온 나라가 국방 위해 무비를 중시하였네.
평안해도 적군 대한 듯 위태로움 잊지 않아
신무기 개발하여 병기를 만들어내네.
들자하니 러시아 황제 태자로 있을 때에
육군에 편입되어 시험을 치르고,
해가 쌓여 계급이 참령에 이르자
갑옷에 무기 들기를 피하지 않았다지.
천명이 무궁하여 대관식을 치르고
모스크바 궁중에서 이제 막 즉위하였네.
각국에서 사신 보내 모두들 하례하니
큰 연회 자주 열어 그 기쁨을 알리네.
각 군영에 음식 먹이고 열병식을 관람하려
교련장을 새로 성 북쪽에 마련했네.
평원 십리에 초목이 무성하고
해가 중천에 떠 깃발들 번쩍이네.
칼과 창이 둘러서 맹수가 서 있는 듯
진을 펼치니 산이 잠자는 듯,
이때 황제 친림하여 군사들 위로하고
고삐 잡고 말을 몰아 보루를 둘러보네.
군대 위용 정숙하여 범접할 수 없으니
파상이나 극문은 어린애 장난이구나.[1]

말 멈추고 사열대 앞에서 손 들어 경례하자
군악대가 차례로 군가를 연주하네.
보병대가 앞에 서고 공병대는 뒤에 서서
일시에 고개 돌려 우러러 바라보네.
건위대와 친위기병 더욱 용맹스러워
황금빛 투구 위에 매 깃털 나부끼고,
복장이 저마다 말 빛깔과 같으니
청·백·흑·적 방위 따라 안배했네.
이 나라 병력이 유럽에서 으뜸이라
땅을 널리 개척하여 태평성세를 이루었네.
이미 진나라를 본받아 더욱 부강해지며

■
1) 영문(營門)을 지키는 군관이 황제의 시종관에게 "(주아부) 장군의 규정에는 군영에서 말을 달릴 수 없습니다"라고 하자, 문제(文帝)가 고삐를 잡고 서서히 전진하였다. 군영에 이르자 장군 주아부(周亞夫)가 무기를 들고 읍하면서 아뢰었다. "갑옷 입고 투구를 쓴 무사는 절하지 않는 법이니, 군례(軍禮)로 뵙고자 합니다."
문제가 몹시 감동하였다. 얼굴빛을 엄숙히 하고 수레 앞 횡목에 의지해서 군대에 경의를 표하고는, 사람을 보내어 "짐이 정중히 장군을 치하하는 바이다"라고 말하게 하였다. 문제가 위로 의식을 마치고 영문을 나서자, 여러 신하들이 모두 놀라워 했다. 문제가 칭찬하여 말했다.
"아! 그야말로 참다운 장군이로다. 앞서 본 패상이나 극문의 군대는 아이의 장난 같았다. 그곳의 장군은 습격해 사로잡을 수 있겠지만, 주아부라면 어찌 범할 수 있겠는가?" ─『사기』권57「강후주발세가(絳侯周勃世家)」

상하가 한마음으로 지극한 정치를 이루었네.
슬프다. 우리 군대 이야긴 어디 가서 들을 수 있나.
다만 눈으로 본 것을 기록에 올릴 뿐이네.
술기운이 거나해지자 기백은 더욱 호탕해지건만
칼 짚고 하늘 보며 부질없이 한숨만 쉬네.

泰西從古上首功,　　通國爲兵重武備.
安不忘危如臨敵,　　講究新製鑄兵器.
聞說俄皇儲貳時,　　編伍陸軍經考試.
積年階級至參領,　　披堅執銳少無避.
寶籙無疆慶戴冠,　　毛壽宮中初卽位.
各邦遣使來相賀,　　大宴頻開其喜識.
犒饗各營觀兵式,　　敎場新築城北地.
平原十里芳艸芊,　　日午當天耀旋幟.
刀鎗環匝立犹猴,　　陣雲漠漠山如睡.
此時皇駕親勞軍,　　周行壁壘按其轡.
軍容靜肅不能入,　　灞上棘門等兒戱.
立馬臺前擧手禮,　　諸軍奏樂來第次.
步隊居先工隊後,　　一時回首仰瞻視.
健衛親騎尤驍勇,　　黃金兒上張鷹翅.
服裝各隨馬色同,　　靑白烏赤按方置.
此國兵力冠歐洲,　　廣拓土宇太平致.

已效嬴秦盆富强，　　上下一心做至治.
嗟我談兵何所求，　　只將目擊登諸記.
醉來膽氣猶矗豪，　　仗劍看天空發喟.

모스크바에서 페테르부르크로 와서
머문 지 몇 달 만에 사행의 임무가 끝났다.
그제야 여러 시설들을 빠짐없이
살펴보았는데 그 규모와 제도가
더할 수 없이 정교하였다.
죽지사¹⁾의 시체에 따라 기록해서
뒷날 한가할 때의 읽을거리로 삼는다.

自毛壽古 來留彼得堡²⁾ 數月 使事將竣 遂徧觀
諸般設置 其規模制度 窮極精巧 聊倣竹枝體記
之 庸資後日臥遊之槩

---

1) 지방의 풍속이나 남녀의 사랑을 주제로 삼아 지은 악부체(樂府體)의 사곡(詞曲)이다. 당나라 시인 유우석(劉禹錫)이 낭주로 좌천되었을 때에 굴원(屈原)의 「구가(九歌)」를 본떠 「죽지가(竹枝歌)」 구편(九篇)을 지은 데서 시작되었다. 이후에는 칠언절구 형태로 많이 지었으므로, 김득련이 페테르부르크에서 지은 시도 칠언절구로 되어 있다.
2) 페테르부르크는 러시아의 새 수도이다.

황촌의 여름 행궁
皇邨夏行宮[1]

황제의 정원 여기저기에 이궁이 있는데
수없이 많은 문들로 차례차례 이어졌네.
그림 그려진 대리석 기둥에 밀화로 채운 벽[2]
역대 황제의 초상이 그 가운데 걸려 있구나.

御園處處有離宮,　　萬戶千門次第通.
紋石棟楣密花壁,　　列皇圖像揭當中.

■
1) 여름에 피서하는 곳이다. (원주)
　황촌의 러시아어 명칭은 '차르스코예 셀로'인데 '황제의 마을'이라는 뜻이다. 상트 페테르부르크 남쪽 25킬로미터 되는 곳인데, 에카테리나 2세가 여름궁전을 바로크 양식으로 지었다.
2) 밀화(蜜花)로 사방의 벽을 채워 넣었다. (원주)

예배당
禮拜堂

희랍정교가 원래 러시아 국교이니
높은 집에서 예배를 볼 때마다 종을 치네.
이곳을 지나는 사람들 모두 경의를 표해
모자를 벗고 이마를 만지며 중얼중얼 기도하네.

希臘原來國敎宗.　　高堂禮拜每撞鐘.
過此人皆尊敬意,　　免冠摩頂語囉囉.

네바강
曳瓦江[1]

네바강 기슭에 궁궐이 우뚝해
아로새긴 돌집에 유리창이 투명하구나.
황실에서 놀이기구 미리 준비해
강언덕에 화룡선을 길게 매어 두었네.

宮闕巍臨曳瓦江.　　層雕石屋白玻窓.
準備皇家遊幸具,　　岸頭長繫畵龍艭.

---

1) 페테르부르크 안에 있는 큰 강이다. (원주)

네거리에 조성된 공원
街衢設公園

연못 누대 꽃 나무 저마다 신기하니
길가 공원들이 모두 한결 같구나.
길 가던 사람 마음대로 노닐며 쉬어가니
즐거운 태평시절을 함께 누리네.

池臺花木各新奇.　　沿路公園捴一規.
任作行人遊憩所,　　熙穰共樂太平時.

엘라긴섬
連絡岐島

철교가 무지개같이 강을 가로지르고
섬들이 이어져 도성 일대를 둘러쌌네.
해질녘 나무숲에 사람 그림자 어지러운데
마차를 달려서 바람 쐬고 돌아왔네.

鐵橋虹亘過江飛.   島嶼相連繞近畿.
翳翳樹林人影亂,   馬車馳逐納凉歸.

큰 식물원
大花園

유리로 만든 집이 백 칸도 넘어
온갖 나무 이름난 꽃에다 이름표를 달았네.
물 주어 기르기에 기온이 알맞으니
사시사철 끊임없이 봄볕이 내리쬐네.

琉璃屋子百間餘.　　萬樹名花各表書.
灌養栽培能叶候,　　春光不斷四時如.

동물원
生物院

움직이고 달리고 날고 헤엄치고 저마다 달라
울타리에 새장에 연못에 동굴까지 나눠 주었네.
솜씨 있게 길들여 다들 재주 보이지만
공연해서 얻은 돈은 조련사 차지일세.

動走飛潛箇箇殊.　　柵籠池窟自分區.
敎馴有術皆呈技,　　演戲收錢任嗇夫.

서커스장
劇戲場

광대가 무대에 올라 한바탕 익살을 떨고
여러 가지 공연을 제목 먼저 소개하네.
한 회 한 회 신기한 장면 볼 때마다
모두들 숨죽이다 일제히 박수를 치네.

傀儡登場善滑稽.　　百般演事盡先題.
每回看到神奇處,　　滿座無譁拍手齊.

영화관
電氣戲影館

거울에 비친 그림 섬광 속에 열리니
유리에 영상을 옮겨 벽 위로 보내네.
사람이 춤추고 차가 달리니
실제처럼 활동하며 왔다갔다 하누나.

鏡中照畫電中開.　　移影玻璃壁上來.
人能跳舞車能走,　　活動如眞去復回.

철로 마차
鐵路馬車[1]

종횡으로 얽힌 철로가 큰길에 펼쳐져
우레 소리 붉은 바퀴가 선로 위를 달리네.
전차에는 손님이 서른 명이나 탈 수 있어
높다란 집들이 바람처럼 스쳐가네.

從橫鐵軌布衢街,　　雷礌朱輪駕兩騧.
車上能容三十客,　　飛樓行閣突然排.

■
1) 역시 전기로 말을 대신하였다. (원주)

자전거
獨行車

손으로 핸들 잡고 발로는 바퀴를 돌려
쏜살같이 내달려도 먼지가 일지 않네.
구태여 수레를 끄느라고 말 여섯 마리를 괴롭히랴
빠른 것도 느린 것도 내 마음대로일세.

手持機軛足環輪.　　飄忽飛過不動塵.
何必御車勞六轡,　　自行遲速在吾身.

러시아 역대 황제 무덤이 모두 한 예배당에 있다
俄列皇陵墓 盡在一堂[1]

예배당에 역대 황제들을 장사 지내
철난간 둘러치고 옥으로 봉분했네.
풍수가더러 이곳 지세를 논하라면
청오[2] 비결이 모두 헛된 글이 되리라.

禮拜堂中葬國君,　　銕闌干裡玉爲墳.
若使堪輿論此地,　　靑烏祕訣盡虛文.

■
1) 베드로 바울성당인데, 표트르 대제부터 알렉산드르 3세까지 로마노프왕조 역대 황제들의 관이 안치되어 있다.
2) 한나라 청오자(靑烏子)는 팽조(彭祖)의 제자로 화음산에 들어가 도를 닦고 신선이 되었는데, 풍수지리에 정통하였다. 그가 지었다고 알려진 『청오경』이 조선시대에 널리 읽혔다.

표트르 대제가 수도를 개척할 때에 살던 집
大彼得開都時所居屋

표트르 대제는 중흥하고 창업한 공이 높아서
예전 살던 초가집을 지금도 보존하네.
수도를 세울 당시에 힘쓰며 고생해
검소하고 절약함으로 후손에게 모범을 보였네.

   彼得中興剙業尊.　　舊居茅屋尙今存.
   建都當日多勤苦,　　儉約貽謨示後孫.

분수관
噴水管[1]

땅속 대롱에서 열 길 물줄기를 뿜어내니
수정 발이 옥난간에 걸린 듯해라.
흩어지는 구슬 방울이 끊임없이 솟구치니
개인 하늘에 비 내려 한여름에도 시원하구나.

地管高噴十丈瀾.　　水晶簾掛玉闌干.
沫禾濺珠飛不絕,　　晴天亦雨夏猶寒.

■
1) 여러 곳에 분수가 많이 있지만, 오직 페테르고프에 설치해 놓은 것이 유럽 여러 나라에서 가장 좋다. (원주)
  '페테르고프'는 '표트르의 궁전'이라는 뜻인데, 공원 일곱 군데에 궁전 20여 채와 분수 140여 개가 배치되어 있다.

수돗물
自來水

땅속에 쇠 대롱을 멀리 산까지 이어놓고
맑은 샘물 끌어와 벽 사이에 담아 두었네.
졸졸 끊임없이 꼭지에서 흘러나오니
물 길러 갈 필요 없어 하루 내내 한가롭구나.

地中銕筧遠連山.　　引到淸泉貯壁間.
涓涓不竭隨機出,　　汲綆無勞盡日閒.

양조장
製酒所

술병을 세워 놓고 삽시간에 술 만들어
전기 기관 움직여서 자동으로 담아 내네.
여양왕이 그 옛날 이렇게 할 줄 알았다면
주천으로 봉토 옮기길 바라지 않았으리.[1]

甕造香醪百甕連.　　電輪汽管自周旋.
汝陽當日能知此,　　不願移封向酒泉.

■
1) 여양왕이 술 세 말 마시고야 조정에 나왔는데
   길에서 누룩 수레만 보아도 입에 침이 고여
   주천으로 봉토 옮기지 못함을 한스러워 했네.
   汝陽三斗始朝天. 道逢麴車口流涎. 恨不移封向酒泉.
   — 두보 「음중팔선가(飮中八仙歌)」
   여양왕은 당나라 현종의 형인 양황제(讓皇帝) 이헌(李憲)의 아들로, 술을 좋아해 양왕 겸 국부상서(釀王兼麴部尙書)라는 별호까지 얻은 술꾼이었다.

농무박물관
農務博物館

온갖 낟알을 저마다 따로 표시했네.
기술이 뛰어나니 농기구도 정교하구나.
둘러보니 낫과 방아, 추수할 연장 외에
물레방아를 늘 설치해 치어도 기르네.

百千穀種各分標.　　農器偏精法自饒.
試看刈舂耕穫外,　　水輪長設養魚苗.[1]

---

1) 집안에 물레방아를 설치하고 유리관을 배치하였는데, 물고기 부화하는 상자를 만들어 어란을 넣어 두었다. 물이 그 아래로 흐르면 저절로 물고기가 부화하는데, 조금 자라면 강에 놓아 준다. (원주)

성 밖의 우유 짜는 목장
城外取牛乳所

늙은 소가 송아지와 푸른 들판에 노닐고
석양의 들집에 나무그림자 어른거리네.
여기 와서야 비로소 성 밖의 재미 알겠으니
눈앞에서 우유를 짜 좋은 안주 장만하네.

老牛將犢下靑郊. 野屋斜陽樹影交.
到此始知城外味, 眼前取乳備佳肴.

전화통
傳語筩

벽에서 종소리가 사람 대신 부르니
통 속에서 전하는 말 육성이나 다를 바 없네.
만사를 서로 논하기 마주 대한 것 같으니
비둘기와 노비들이 오가는 수고를 면하겠네.

鍾鳴壁上替人招.　　筩裡傳言不爽毫.
萬事相論如對面,　　鴿奴從免往來勞.

전등
電氣燈

전기줄을 종횡으로 그물같이 깔아놓고
집집마다 나선형기구로 전기를 끌어 쓰네.
유리등이 스스로 빛을 내어 사방을 환하게 하니
온 도시가 밤마다 밝게 지내는구나.

電索縱橫似網羅,　　家家引用盡旋螺.
玻燈自發輝煌遍,　　滿郭通明夜夜過.

감옥서
監獄署

죄수의 죄가 가볍건 중하건 칼을 씌우지 않고
방 안에 편히 두어 밥과 차를 제공하네.
또한 백 가지 공예를 배워 작업을 수행하니
고초를 모두 잊고 집에 있는 것 같구나.

監囚輕重並無枷.　　安置房中供飯茶.
且學百工隨作業,　　頓忘苦楚似居家.

면포 직조소
綿布織造所

켜고 두드리고 풀먹이고 말리며 씨줄과 날줄을 짜니
북과 바디가 물레를 따라 잠시도 쉬지 않네.
하루에 짜는 면포가 천 필 백 필인데
기이한 그림 찍어 넣고 울긋불긋 물들이네.

繰彈糊曬緯還經.　　杼軸隨輪暫不停.
綿布日成千百疋,　　印來奇畫染紅靑.

제지소
造紙所[1]

증기로 쪄낸 패물이 열기 후끈하더니[2]
잠깐 사이에 갈아져 흰 반죽으로 엉기네.
체에 펼치자 다양한 종이로 만들어져
온 나라 문서 모두 이 종이를 사용하네.

收蒸敗物熱騰騰,   頃刻磨來白汁凝.
布簀自成多樣紙,   一邦簿牒盡飜謄.

■
1) 온 나라의 관청에서 쓰는 종이를 모두 이곳에서 만든다. (원주)
2) 휴지, 해진 솜, 해진 옷, 가죽 등의 패물(敗物)을 거두어 화륜의 증기로 찐다. ―『해천추범』

조폐소
造紙幣所

종이조각 잘라내어 백금을 대신하니
날마다 바꿔 쓰는데 어긋남이 없네.
아무런 장애 없이 온 나라에 두루 쓰이니
위 아래 서로 믿음을 비로소 알겠구나.

片紙裁成代百金.　　日中交易不相侵.
通行一國都無碍,　　始識能孚上下心.

황제가 타는 화륜선
御乘火輪船

러시아 황제 바다를 순시할 때 타는 배
삼백 명 수군이 늘 대기하네.
복도 좌우로 창문이 찬란히 빛나니
어엿한 궁궐이 물 위에 떠 있구나.

俄皇巡海所乘舟.　　三百水軍長待留.
複道交窓金碧耀,　　儼然宮闕泛中流.

정수장
漉水所

강물에 홈통을 연결해 성남으로 끌어다가
찌꺼기 걸러내어 웅덩이에 담아 두었네.
날마다 맑은 물을 삼억 단지 보내주어
집집마다 가져다 쓰니 이 또한 깊은 마음씀일세.

管通江水引城南.　　漉滓篩查貯一潭.
日送淸波三億甕,　　滿都取用亦精覃.

해구의 포대
海口礮臺

밀려오는 물결 속에 높직이 돌을 쌓고
견고하게 포대 만들어 외침을 방비하네.
바다 어구의 금성탕지 요새가 되었는데
구십 년간 이런 포대 계속해서 짓고 있네.

往往波中累石尖,　　礮臺堅築防關覘.
海門仍作金湯固,　　九十年來建設添.

조선소
造船廠[1]

삼나무를 써서 큰 군함 새로 만드니
오층 철갑선에 세 폭의 돛을 걸었구나.
포와 창 줄지어 배열하고 천군이 늘어선 다음
제독이 높이 올라 큰 깃발을 내거네.

巨艦新成盡用杉.　　五層鐵甲掛三帆.
礟鎗如織千軍立,　　提督高臨建大縿.

---

1) 북쪽 바다의 군함 가운데 가장 큰 것이다. (원주)

도서관
書籍院

수만 권의 진기한 책을 거둬 들여
유리 상자에 넣고 제목을 붙여 두었네.
가지런히 놓인 등불 모두가 정갈해
여기선 책만 볼 뿐, 술은 마시지 못하네.

收得奇書萬卷支.   玻璃爲匣縹籤垂.
聯兀燈燭皆精設,   只許來看不許巵.

각급 학교
各學校

서울과 지방에 학교가 수없이 많이 세워져
사농공상 모든 과목을 저마다 개설하였네.
남녀 여덟 살에 모두 학교에 들어가
책 읽으며 절차탁마 하지 않음이 없네.

京鄕林立塾庠多.　　農士工商各有科.
男女八齡皆入學,　　治書無不琢如磨.

온궁 박물관
溫宮博物館[1]

진기하고 기이한 보물 이름도 알기 어렵구나.
옛 물건을 수집해 수십 칸에 진열하였네.
황금 공작과 황금 닭이 황금 나무 아래에서
시간 살펴 날고 춤추며 시간 살펴 운다네.

奇珍異寶捴難名.　　古物蒐羅數十楹.
金雀金鷄金樹下,　　按時飛舞按時鳴.

---

[1] 온궁은 러시아 황제가 겨울에 머무는 궁전이다. (원주)

유리 제조소
琉璃製造所

바다모래 녹여서 유리를 만드니
쇠대롱에 찍으면 옻처럼 늘어지네.
입으로 불고 돌려 그릇을 만드니
모양이며 빛깔이 묘하고도 기이해라.

海沙鎔化造玻璃.　　鐵管蘸來如漆垂.
口吹轉轉能成器,　　雕狀磨光妙更奇.

천문대
天文臺

흠천감 밖에 높은 천문대가 있어
망원경 속으로 온갖 별들이 들어오네.
서방 나라의 추산법이 몹시 정밀해
혜성과 살별이 재앙 안될 줄 미리 아네.

欽天監外有高臺,　　星斗皆從鏡裡來.
西國尤精推算法,　　預知彗孛不爲灾.

러시아 서울에 불망화라는 꽃이 있어 여인들이
머리 가득 장식으로 꽂는다
俄京有花名不忘 女人滿首粧戴

불망화 한 가지를 손으로 꺾어
헤어지지 말자고 기약하며 주네.
꽃도 잊지 못하고 임도 잊지 못해
길이 사랑하며 서로 그리워하네.

手折不忘花一枝.　　無離別處贈佳期.
花不忘時人不忘,　　長留春色惹相思.

단오절
端午日

앵도는 벌써 익고 살구도 처음 노래지기에
동산 안 푸른 버들에 그네를 매달았네.
괴이하구나! 찬 비바람 밤새 불어와
따뜻하던 단오 날씨가 중양절 같아지다니.

櫻桃已熟杏初黃.　　園裡秋千繫綠楊.
怔愡連宵風雨冷,　　端陽天氣似重陽.

낙조를 보다
觀落照

해가 높이 떠오르니 닭이 그제야 울고
해시가 되었는데도 낙조 아직 희미하네.[1]
반년 동안 거리에 등불 밝힐 일 없으니
참으로 이게 인간세상 불야성이구나.

三丈日高鷄始鳴.　　亥初落照尙微明.
半年行路無燈燭,　　儘是人間不夜城.

■
* 이 시까지가 칠언절구이니, 김득련이 죽지사체로 지은 페테르부르크의 풍경이다.
1) 해시(亥時)는 밤 9시부터 11시까지이니, 한밤중이다. 페테르부르크 일대의 백야(白夜) 현상을 묘사한 시이다.

페테르부르크 공관 유감
彼得都公館有感

깊은 바다 건너서 이 나라에 이르니
여름에도 차가워 북풍이 매섭구나.
사신으로 왔다가 객관에서 술 마시고
퇴조할 적엔 어로의 향 배어 들었네.
장건이 두우성 범했던 길 지나고
소무가 숫양 치던 땅에 다다랐네.
미국과 유럽을 이미 두루 유람했으니
언제나 행장 꾸려 고향에 돌아가려나.

跋涉重溟到此方, 夏天猶冷北風强.
報聘今携賓館酒, 退朝時惹御爐香.
路過張騫犯牛斗, 地隣蘇武牧羝羊.
壯遊已遍美歐界, 何日理裝歸故鄕.

네바강 만조
曳瓦江晩眺

푸른 나무가 겹겹으로 줄지어 섰고
양쪽 강가 누대에는 시원한 기운 서렸네.
비낀 햇살 한 줄기가 길게 뻗어 비추니
집집마다 유리창이 등불 켠 듯하구나.

葱靑樹木立層層.　　兩岸樓臺爽氣凝.
斜陽一抹橫來照,　　萬戶玻窓似點燈.

무더운 여름이 한가위 같아
강가 풀밭에 북풍이 불어오네.
오직 이 철이 경치 가장 빼어나니
오경에도 누각 아래엔 석양이 붉구나.

炎天凉意仲秋同.　　江草萋萋吹北風.
惟有此時奇絶景,　　五更樓下夕陽紅.[1]

―――
1) 해시(亥時)가 지나야 해가 겨우 서쪽으로 진다. (원주)

음력 유월 오일에 우편으로 사월 십일일 집에서 보낸 편지를 받아 보다
陰曆六月初五日 從郵遞 見四月十一日出家書

집 떠난 지 다섯 달 만에 처음 편지를 받았네.
부모님과 집안이 편안하다니 얼마나 기쁜지.
바삐 보다 미처 못 본 게 있을까 싶어
몇 번이나 손에서 접었다 펴네.

五朔離閭始見書.　　親安家穩喜何如.
惟恐念念看未盡,　　幾回手裡捲還舒.

계정 공사가 율시 한 수를 지어 주기에 원운에 차운해서 바치다
桂庭公使見贈一律 因次原韻 奉呈

사신 임무 띠고서 초봄에 떠나
행차 길을 모시며 함께 기뻐했네.
안개에 숨은 남산 표범[1] 되기 어려워
바람을 차고 오른 북해 물고기[2]를 보았네.
세계를 돌다보니 기이한 볼거리 날로 많아지고
전보 쳐서 머나먼 고국 소식도 자주 통하네.
러시아 서울에서 사신 임무를 이제 마쳤으니
배와 수레 빌려 타고 시베리아로 돌아가리라.[3]

■
1) 도답자(陶答子)가 도(陶)를 다스린 지 3년이 되었는데, 명예는 이뤄지지 않고 재산만 세 갑절 불어났다. 그러자 그 아내가 아이를 안고 혼자 울면서 말했다. "제가 들으니, 남산에 표범이 있는데 7일 동안 안개가 끼고 비가 와도 산에서 내려와 먹이를 찾지 않는다고 합니다. 그 털을 윤택하게 해서 무늬[文章]를 이루려고 하기 때문입니다. 그래서 (남산에) 숨어 해(害)를 멀리했다고 합니다."
―《열녀전》〈현명(賢明)〉
이 시에서는 민영환이 남산의 표범처럼 벼슬하지 않고 은거하기는 어렵다는 뜻으로 썼다.
2) 북쪽 바다에 곤(鯤)이라는 물고기가 사는데, 곤의 크기가 몇천 리나 되는지 알 수 없다. 이 물고기가 변화해 새가 되면 붕(鵬)이라고 한다. (줄임) 붕이 남쪽 바다로 옮겨갈 때에는 수면을 삼천 리나 박차고 회오리바람을 타고 구만 리 상공까지 올라 여섯 달을 날아간 뒤에야 쉰다. ― 『장자(莊子)』「소요유(逍遙遊)」
3) 이제 시베리아를 거쳐 돌아가려고 한다. (원주)

皇皇玉節啓春初．　　一路陪遊共起居．
終難霧隱南山豹，　　忽見風搏北海魚．
奇觀日富環瓊際，　　遠信頻通打電餘．
使事俄京今告竣，　　歸程西伯賃船車．

계정 공사의 소상자찬에 삼가 화운하다
謹和桂庭公使小像自贊韻[1]

일찍이 문원에 올라 문장을 일삼더니
임금 보필 잘하여 세상에 공을 세웠네.
충성과 사랑 한 마음이 얼굴에 늘 드러나는데
초상이 어찌 칠분이나 그려냈으랴.

早登文苑硯爲農,　　大雅扶輪世有功.
忠愛一心常著色,　　丹靑那得七分工.

---

1) 계정은 민영환의 호이고, 소상자찬(小像自贊)은 자신의 초상화에 스스로 덧붙인 글이다.

골삐노 천문대에 가서 구경하고 돌아오는 길에 산에 올라 짓다
往觀鶻比老邨天文臺歸路登山有作

공적 기록한 문 밖에 높은 산 있으니[1]
서양을 제패하고 개선가 부르며 돌아왔네.
만호의 도성은 불빛 속에 찬란해[2]
큰 거리 가로등이 전선 사이에 밝구나.
지하실에 울리는 좋은 시간이 정확하고[3]
천문대 망원경으로 별들이 들어와,[4]
석양에 수레 멈추고 멀리 바라보니
가슴속이 깨끗해져 속세 티끌이 사라지네.

紀功門外有高山,　　遂覇西洋奏凱還.
萬戶城臨金碧裡,　　九街燈發電煤間.
鍾鳴地底時辰合,　　鏡掛臺前星斗攀.
斜日停車窮遠矚,　　胸襟灑落俗塵刪.

■
1) 전 러시아 황제 알렉산드르 1세가 나폴레옹을 격파하고 철문을 만들어 공적을 기록하였다. (원주)
2) (이 산에서) 도성 안을 내려보았다. (원주)
3) 지하실에 시계를 두어 분과 초가 틀리지 않으니, 페테르부르크의 정오를 알리는 대포가 이를 기준으로 쏜다. (원주)
4) 망원경은 만 배로 볼 수 있어, 이것으로 천문을 관찰한다. (원주)

양력 칠월 칠일
陽曆七月七日

음력 양력 러시아력이 각기 다르니
한 해에 세 번이나 칠석이 돌아오네.
견우 직녀성이여! 오늘 밤이 짧다고 한스러워하지 마오
앞으로도 두 번이나 만날 기회가 있다네.

陰陽俄曆各差池.　　一歲三回七夕時.
雙星莫恨今宵短,　　猶有前頭兩會期.

비서랑 소석 민경식과 참서관 월산 주석면이 유람신사로 남로를[1] 따라 이르렀는데, 사행이 머지않아 돌아갈 것이므로 이 시를 읊어 회포를 서슬하다
閔小石秘書郞景植 朱月山參書官錫冕 以遊覽紳士從南路來到 而使行將非久回 程賦此敍懷

어명을 받든 우리 사행이 중춘에 시작되어
미국과 유럽 지나면서 견문이 새로워졌네.
기차 타고 달리느라 몸은 쇠처럼 단련되었지만
나그네 신세로 귀밑머리 은빛으로 세었네.
기예 익히러 온 선비는 북쪽 땅 러시아에 남고
풍속 채집한 사신은 동쪽으로 떠나려네.
부지런히 배우길 다시 한 마디 부탁하노니
이런 시대를 맞아 문명을 발전시킬진저.

啣命吾行自仲春,	美歐諸國見聞新.
驅馳已鍊身如鐵,	羈旅還愁鬢似銀.
北地且留遊藝士,	東槎將發採風人.
一言更贈須勤學,	開進文明迨此辰.

---

1) 상해로부터 와서 오데사 항에 정박하였다. (원주)

계정 공사를 따라 차를 타고 엘라긴 섬에 가서
바람을 쐬며 소석 월산과 함께 생각나는 대로
읊다
隨桂庭公使乘車 往連絡岐島納涼 同小石月山漫吟

섬에 노닐며 서늘한 바람 쐬노라니
해 비낀 양쪽 언덕에 풀빛 푸르구나.
줄지은 가게 둘레에 기이한 나무 울창하고
행궁 주위엔 이름난 꽃 가득 피었네.
강 위 철교는 무지개 떠오른 듯
공원 안 돌길은 시위 당긴 활 걸린 듯,
페테르부르크 한 도시가 가장 번성하니
북방 러시아가 이제부터 가장 웅대하리라.

周遊島嶼灑凉風,　　兩岸斜陽艸色豊.
奇樹鬱慈開列肆,　　名花聯絡遶行宮
江上鐵橋浮彩蝀,　　園中石路掛彎弓.
彼得一都全盛最,　　朔方從此擅豪雄.

동물원에 놀러갔는데 한번도 본 적이 없는
동물들이 있기에 각각 시 한 수를 붙이다[1]
遊生物院 有所未曾見者 各系一詩

사자
獅子

그림에서 보던 붉은 갈기와는 영 딴판이니
긴 얼굴 누런 털, 몸집은 곰만 하네.
한번 포효하면 짐승들 제압할 수 있으련만
어쩌다 힘을 잃고 우리 안에 갇혔는가.

圖中火鬣本無同.　　長面黃毛體似熊.
一吼可能制群獸,　　如何失勢困樊籠.

---

[1] 「사자」부터 「검은 꿩과 흰 꿩(黑白雉)」까지 칠언절구 4수가 이 제목의 연작시이다.

악어
鱷魚

뾰족한 주둥이 꿈틀대며 네 발을 늘어뜨리니
갑옷 두른 몸통으로 물가에서 노는 게로구나.
창려가 제사지낸 뒤에도 글이 장대하니
조주에서 모두 다 이곳으로 옮겨온 게지.[1)]

矢嘴蜿蜒四足垂,　　甲身水上出遊時.
昌黎祭後文猶壯,　　應自潮州盡此移.

■
1) 당나라 문장가 한유(韓愈)가 조주자사(潮州刺史)로 부임해 보니, 악계(惡溪)에 사는 악어가 농작물과 가축을 마음대로 먹어치워 백성들의 생활이 위태로웠다. 그래서 한유가 양과 돼지 한 마리씩 제물로 악어에게 던져주게 하고 「제악어문(題鱷魚文)」을 지어 물에 던지자 그날 밤에 폭풍이 불고 우레가 일어나며 며칠 만에 물이 모두 말라 악어의 피해가 없어졌다고 한다.

재주부리는 코끼리
戱象

소같은 몸집에 털은 없고 눈은 작구나.
긴 어금니에 코를 휘두르며 무대에 섰네.
먹고 살기 위해 춤추고 풍금 치면서
사탕 사 먹을 돈을 사람에게 구걸하네

牛體無毛眼小穿.　　長牙揮鼻立臺前.
戱舞彈琹爲口服,　　向人叩索買餳錢.

검은 꿩과 흰 꿩
黑白雉

검은 꿩과 흰 꿩 몇 쌍이 빛깔도 분명한데
이따금 숲속에서 꺽꺽 울어대네.
성조를 위해 몇 차례 통역 거쳐 바치리니
이런 새가 먼 곳에 있을 줄 그 누가 알았으랴.

數雙黑白色分明.　　時見林間格格鳴.
將爲聖朝重譯獻,　　誰知遐土此鍾生.

객사에서 우연히 쓰다
旅枕偶題

예전에 추옹[1] 가르침 들으니
"운서는 나의 스승이라,
일찍이 범공의 법을 배우고
일이 없을 때 즐겨 보았지.
이 말을 그대는 기억하라
반드시 나를 생각할 때 있으리라."
제자 가르치는 방법이라 여기고는
더 이상 의문을 품지 않았지.
지금 내가 사행을 따라왔다가
러시아 서울에서 귀국길 지체되니,
본래 희랍 글자에 어두운데[2]
어찌 여러 나라 글을 알랴.
사람 만나면 한번 웃을 뿐이니
백치 되는 것 면하기 어렵네.
이보다 더 무료할 수 없건만

---

1) (추옹은) 강고환(姜古圜) 선생으로, 다른 호는 추금(秋琴)이다. (원주) 강위(姜瑋 1820~1884)의 호는 추금(秋琴) 또는 고환당(古歡堂), 청추각(聽秋閣)인데, 무인 집안 출신의 시인이다. 족보에 오른 이름은 항렬대로 문위(文瑋)지만, 1882년 일본으로 가던 중 나가사키 배 안에서 선공감(繕工監) 가감역(假監役 종9품) 벼슬을 받고 감격하여 이름을 위(瑋)로 고쳤다. 김득련이 속했던 육교시사(六橋詩社)의 맹주였다.
2) 서양의 문자는 희랍에서 시작되었다. (원주)

변변한 소일거리 하나 없으니,
행장 꾸리느라 얼마나 서둘렀던지
책 하나 챙겨오지 않았네.
겨우 운서 한 책에
붓 한 자루만 있어,
날마다 폈다 접었다 하노라니
저절로 생각나는 게 있네.
생각하다 보면 그곳이 떠오르고
그곳이 떠오르면 마음도 옮겨져,
잊었던 것이 생각나기도 하고
옛일이 추억되기도 하네.
앉으나 누우나 손에서 놓기 어려워
차츰 재미가 생기네.
나의 유람이 멀고도 장관이니
보고 들은 게 신기한 것 많아,
세 대륙 사만 리 나그네 길에
풍속 또한 자세히 묻고 또 물어,
운에 맞추어 쓰고 또 써서
약간의 시를 얻게 되었지.
이번 사행길에 이 운서가 없었더라면
몰자비가[3] 되었을 텐데,
글자마다 막힌 마음을 열어주니

다른 스승 또 누가 있으랴.
그 옛날 말씀을 어렴풋이 생각해보니
추옹이 나를 속이지 않았구나.

昔聞秋翁誨,	韻書卽吾師.
甞學范公法,	無事喜看之.
此言君須記,	必有想吾時.
意謂敎人術,	更不叩其疑.
今我隨使節,	俄都歸夢遲.
素昧臘丁字,	豈解諸邦詞.
逢人輒一笑,	難免做白痴.
無聊莫此甚,	消受沒良資.
行裝何草草,	書籍本不持.
只將韻一冊,	兼存筆一枝.
日日閒舒捲,	自然有所思.
因思而境得,	因境而情移.

▪
3) 임환(任圜)이 말하길 "최협(崔協)이 글은 모르고 헛되게 겉모습만 그럴 듯하다는 것을 천하 사람들이 모두 알고, 그를 몰자비(沒字碑)라 부른다" 고 하였다. ―『오대사(五代史)』「임환전」
몰자비(沒字碑)는 글이 새겨져 있지 않은 비석이니, 겉모양이 훌륭하게 보이지만 가치가 없다. 글 모르는 사람을 놀리는 말인데, "눈 뜬 장님"이 란 뜻이다.

或忘處能醒,　　或古事可追.
坐臥手難釋,　　漸覺味生滋.
我遊遠且壯,　　聞見儘多奇.
三洲四萬里,　　風俗亦詢諮.
謄述仍叶韻,　　可得略干詩.
此行無此冊,　　徒作沒字碑.
字字開茅塞,　　餘師復有誰.
緬憶當年語,　　秋翁不我欺.

사행의 돌아갈 날짜가 팔월 십구일로 정해졌는데 소석과 월산이 이곳에 떨어져 있게 되었으므로 시를 지어 이별을 기록하다
使行回期 定于八月十九日 小石月山 將落留此地 詩以志別

소석에게 주다
贈小石[1]

젊은 선비들이 장한 외유를 많이 했으니
지난해엔 미국, 올해엔 유럽, 돌아서 러시아에 들어왔네.
각 나라의 정치와 법을 모름지기 모두 익혀서
뒷날 정치를 도와 잘못된 세상을 바로잡으소.

英年學士壯遊多.   昨美今歐轉入俄.
各國政規須盡習,   佐治他日鎭騷訛.

---

1) 민경식의 호가 소석인데, 민영환의 재당질이다. 7월 15일에 유람신사로 상트 페테르부르크에 도착해 민영환 일행과 만났다.

월산에게 주다
贈月山[1]

러시아에 계속 머물며 말과 글을 배우면
듣고 보는 게 많을 테니 진리의 근원을 찾아보게나.
조선으로 돌아오면 치평책을 올려
조금이라도 성은에 보답할 것만 생각하게나.

因住俄邦學語言,　　見聞多處溯眞源.
歸時將獻治平策,　　一念涓埃答聖恩.

---

1) 주석면의 호가 월산인데, 자는 경화(敬華)이다. 1896년에 왕명을 받아 러시아와 유럽을 유람하고, 1899년에 군부대신 서리, 1900년에 강원도관찰사, 1902년에 경기도관찰사를 역임하였다.

러시아 해군 장관에게 지어 주다
贈俄國海軍將官

장군께선 전함 타는 것을 배워
호기롭게 오대주를 두루 돌아다녔지.
바다에 전운이 잠잠한 것을 기뻐해
전함에서 손님 맞아 밤놀이를 베푸시네.

將軍學駕水師舟. 　　豪氣曾環五大洲.
海門差喜氛塵靖, 　　邀客艙樓卜夜遊.

염오 수행원이 불어를 배우기 위해 지금 파리
로 가니, 이제 타국에서 객을 전송하며 남북으
로 길이 나뉘게 되어 슬픔을 달래기 어렵다[1]
念梧隨員爲學法語 今往巴黎 此時客中送客 南北
分路 悵難爲懷

동쪽에서부터 손잡고 와서
러시아에 머문 지 넉 달이 지나,
문 나서면 배와 수레를 함께 탔고
침상 나란히 하며 함께 쉬었지.
나는 다른 나라 글에 어두워
눈 뜬 장님이나 다름없는데,
그대는 일찍이 영어를 배워
십년 만에 학업을 이미 마쳤지.
나는 귀머거리에 벙어리라서
그대를 기다렸다가 말을 주고받았으니,
일이 생기면 그대가 주선해
언제나 골몰하며 혼자 애썼지.
사신 임무 다행히도 이제 끝이 나
행장을 꾸려 돌아가는데,

■
1) 수원 윤치호가 이곳에 남아 어학을 배우기로 했으나 불편한 점이 많아, 프랑
  스 수도 파리에 가서 머물기로 했다. 오후 8시에 기차를 타러 역에 같이 갔다.
    ― 『해천추범』 8월 18일 기록

부러워라! 그대는 어학에 부지런해
거리낌 없이 온갖 심력을 다 쏟으니,
불어까지 또 배우려고
예리한 뜻으로 다잡아 분발하네.
이처럼 총명하고 슬기로운 재주로
재빨리 이루어 공부를 마치리라.
뒤에 떨어져 돌아가지 않으니
떠나는 이 남는 이 모두 서글프구나.
네바강 강가에서 전별연을 베풀고
이별시를 지어주며 이렇게 말 전하네.
우리 일행 북쪽 길로 돌아가니
말갈의 산천에도 들어가고,
가을바람 삼만 리 머나먼 길에
장성의 동굴에서 말에게 물 먹이리.[2]
그대가 돌아올 때를 생각해보니
배를 타고 남월 땅을 지나올 테지.

■
2) 돌아오다 장성의 동굴에서 말에게 물 먹이니
  장성 길가에는 백골이 많구나.
    回來飲馬長城窟, 長城道傍多白骨. — 왕한 「고장성음(古長城吟)」
  돌아갈 길이 몹시 험난해 고생하는 것을 비유한 말이다.

기이한 사적들을 모두 다 수집하면
승(乘)과 도올(檮杌)에³⁾ 실을 수 있으리라.
한성에서 다시 만나는 날
하나도 빠짐없이 잘 베껴 두면,
남방과 북방의 기행문 모두 합하여
한 편으로 만들어 출판할 수 있으리라.

携手自東來,　　駐俄四閱月.
出門同舟車,　　聯榻共息歇.
我昧殊邦書,　　無異沒字碣.
君曾演英語,　　十年業已卒.
嗟我故聾啞,　　酬答待君發.
有事能周旋,　　賢勞恒汨汨.
使務幸今竣,　　束裝問歸筏.
羨君勤詞令,　　不憚心力竭.
法語又欲學,　　銳志奮幽勃.

■
3) 진나라의 『승(乘)』과 초나라의 『도올(檮杌)』과 노나라의 『춘추』가 똑같은 것이다. ─ 『맹자』 「이루(離婁)」 하
　　여러 나라의 사적을 기록한 역사책을 가리킨다.

以若聰慧才，　　速成應告厥.
落後而不還，　　去留悵忽忽.
設餞曳瓦江，　　贈別相謂曰.
此行從北路，　　山川入㳟獨.
秋風三萬里，　　飲馬長城窟.
想君賦歸時，　　航海經南越.
奇蹟須盡搜，　　亦可備乘机.
漢城重逢日，　　繕寫無遺闕.
合將南北記，　　一篇付剞劂.

염오의 증별시에 차운하다
用念梧贈別韻

페테르부르크에서 서글프게 이별의 술잔 따르고
양관 삼첩을 다시 부르네.
성실하게 배우라고 그대에게 부탁하니
힘내어 음식 드시라고 내게 화답하네.
지금은 부질없이 변경의 먼 산만 바라보지만
훗날 밤에는 고국의 달 보며 그리워하리.
아득한 귀국길은 추위가 몹시 빨라
북방의 거센 바람에 눈보라까지 치려 하네.

怊悵離樽彼得城.　　陽關更唱第三聲.
實心勤學留君語,　　努力加餐送我情.
此時空望邊山遠,　　他夜相思漢月明.
迢迢歸路寒偏早,　　北陵罡風雪意生.

페테르부르크를 떠나면서
離發彼得都

하늘 끝에 나그네 되어 가을바람을 맞으며
러시아 서울을 떠나 동쪽으로 향하네.
바람 쐬던 옐라긴 섬이 가장 그리워라
선창가 위아래로 온통 등불이 붉었었지.

天涯爲客見秋風.　　離發俄都路向東.
最憶納凉環島夜,　　艙橋上下萬燈紅.

모스크바를 다시 지나다
重過毛壽古[1]

기차가 밤새 쉬지 않고 달려
다시 모스크바 성을 지나는구나.
나무를 보아도 낯설지 않고
만나는 사람도 반갑기 그지없네.
올 때엔 봄빛이 한창이더니
떠나는 길에는 가을하늘이 맑구나.
나그네 시름이 차츰 느껴지니
거울 속 구레나룻에 서리 내렸네.

汽車行一夜,　　重過莫西城.
看樹非生面,　　逢人是舊情.
來時春色爛,　　去路秋天淸.
漸覺羈懷苦,　　鏡中霜髥生.

■
1) (毛壽古를) 일명 막서과(莫西科)라고도 한다. (원주)
　둘 다 모스크바의 음차(音差)이다.

박람회를 보기 위해 하신주에 머물다
爲觀博物會留下新州

사신의 배를 하신주에[1] 대어 놓고
박물원에서 잠시 머무르네.
달이 뜬 긴 강에서 밤새 노니노라니
오늘이 바로 소동파 놀던 칠월 기망이구나.[2]

星槎來繫下新州.　　博物園中暫滯留.
清遊夜卜長江月,　　正值蘇仙既望秋.

■
1) 니주니 노브고로트는 13세기초 볼가강과 오카강이 만나는 지역에 세워진 도시로, 아시아와 유럽 무역의 거점이었다. 19세기 러시아 사람들이 상트 페테르부르크를 '러시아의 머리', 모스크바를 '러시아의 심장', 니주니 노브고로트를 '러시아의 지갑' 이라 불렀다. 작가 고리키의 고향이어서 한때 '고리키시' 라 불렸지만, 다시 원래 이름을 찾았다.
2) 송나라 시인 소식(蘇軾)이 임술년 7월 16일 적벽강에서 노닐다가 흥에 겨워 「적벽부(赤壁賦)」를 지었다. 기망(既望)은 보름 다음날인 16일이다.

박람회를 관람하다
觀博物會

러시아 땅이 어찌 이리도 넓은지
세 대륙 차지해 몹시 흥성하구나.
여섯 부로 나누어 모두 러시아라 하는데
물산이 풍족해 취향을 추구하네.
몇 년 사이에 마음먹고 힘껏 찾아내어
옛것과 새것 온갖 물건 무진장 마련하고,
세계박람회를 설치하자 의논해
여러 해 준비한 끝에 이제 막 개최했네.
박람회 장소를 하신주로 정했으니
배치된 전시관들이 화려하고도 웅장해라.
각 나라 기이한 물건들 여기 다 모였으니
신기하고 교묘함을 다투어 자랑하네.
때마침 황제가 시찰하는 때였기에
두 눈이 어지러울 정도로 찬란하구나.
온갖 물건과 그림들이 눈부시게 빛나고
종과 북 거문고 비파로 옛음악을 연주하네.
무기 만들고 옷감 짜는데 모두 기계를 쓰고
금 돌 석탄 소금 등 온갖 광물을 전시했네.
가죽옷 입고 얼굴 가린 잠수부가
물고기처럼 출몰하며 물결 일으키고,[1]
가벼운 기구에 바람 넣어 사람 태우고
바람결에 날아올라 구름 위로 향하네.

나머지 보물들도 줄지어 진열되어
이름 들어도 선 채로 잊으니 어쩔 수 없네.
갈수록 정밀하고 물건마다 신기하니
조물주 솜씨를 장인에게 다 빼앗겼구나.
이 모두 백성들에게 보여주기 위한 것이니
헤아릴 수 없는 거금을 아끼지 않았네.
전시장 개방하여 마음대로 드나들게 하니
다섯 달 뒤 동짓달 보름에야 끝날 거라네.

俄國之土一何曠,　　跨據三洲大興旺.
區分六部皆稱俄,　　物産陳陳趣所尙.
邇來刻意苦搜索,　　攷據舊新無盡藏.
議設通國博物會,　　經營多載今始刱.
會地擇定下新州,　　廠院排布極麗壯.
各方奇貨咸聚集,　　爭衒新巧不相讓.
我行適値皇鑒時,　　兩目生眩不能狀.

1) 못을 쌓아 물을 담았는데 깊이가 열댓 길이나 되었다. 수군(水軍) 1명에게 꿰매지 않은 옷을 입혀 구리로 머리와 얼굴을 가리고 유리를 끼워 넣어 밝은 빛을 받게 하고, 허리에 전기줄을 묶고 못 속에 뛰어들어 자세히 물 바닥을 살펴보게 하였다. 그가 그 속에서 말을 전달하고 한참 뒤 물에서 나와 옷을 벗었는데, 조금도 물에 젖지 않았다. 참으로 물속에 들어가는 좋은 방법이다. ─『해천추범』8월 22일

鼎彝圖繪光陸離，　　鍾鏚琴瑟古音暢.
鑄兵織錦皆用機，　　金石煤鹽各有礦.
衣皮罩面潛水軍，　　如魚出沒波濤漲.
受風輕翏能坐人，　　飄飄飛向雲霄上.
其餘珍寶列叢錯，　　聞名旋忘亦無妨.
精益求精物物新，"　　盡奪化工輸意匠.
此是爲民資博覽，　　巨費不吝算無量.
洞開院門任去來，　　五朔觀止冬月望.

가벼운 기구에 타다
乘輕氣毬

가벼운 기구 안에 앉아
하늘에 올라 차츰 나아가니,
바람 타고 위아래로 오르내리고
전기를 저장해 종횡으로 움직이네.
삼천세계를[1] 유희하면서
구만리 장천을 쉽게 오가니,
신선이 만나기로 약속한 적 있어
나를 맞이해 봉래 영주에[2] 이르게 하네.[3]

輕氣毬中坐,　　騰空冉冉行.
御風能上下,　　藏電任縱橫.
遊戲三千界,　　搏扶九萬程.
飛仙曾有約,　　邀我到蓬瀛.

■
1) 불가에서 수미산(須彌山)을 중심으로 이루어진 세계가 천 개 모인 것을 소천세계(小千世界)라 하고, 소천세계 천 개 모인 것을 중천세계라 하며, 중천세계가 천 개 모인 것을 대천세계라 한다.
2) 바다 한가운데 떠 있다는 봉래, 영주, 방장을 삼신산(三神山)이라 하는데, 우리나라에서는 이 산들을 금강산, 한라산, 지리산에 견주기도 한다.
3) 한 곳에 들어가보니 가벼운 기구(氣球)가 있는데, 대나무로 광주리를 만들어 네 사람이 앉을 수 있었다. 위에 바람을 넣은 가벼운 둥근 물체가 끈으로 묶여 있다. 주관하는 사람이 여러 가지 기구를 마련하고 (나더러) 함께 타고 바람 쐬기를 청하기에, 올라타서 하늘 사이를 배회하니 마치 날개를 단 신선과 같았다. 기계줄을 당겨 마음대로 내려온 뒤에 '내가 신선으로 놀았었나' 의심해보니, 한바탕 베개 위의 꿈이었다. ―『해천추범』 8월 23일

볼가강에서 화륜선을 타고 동남쪽으로 밤에 떠나다

月嘉江乘輪船 東南夜發

박물원에서 유람 끝내고
볼가강 가에서 돌아갈 배에 오르니,
등불 밝힌 범선들 물길 따라 그치지 않고
푸른 사당나무 둑 따라 이어졌구나.
남으로 갈수록 가을 다시 더워지고
북에서 멀어질수록 초저녁 길어지는데,
서풍에 갑자기 고향 생각 떠오르니
농어회 순채국에[1] 차조술 향기 그리워라.

博物院中遊覽畢, 月嘉江上倚歸裝.
沿流不斷帆燈白, 逐岸相連社樹蒼.
路出近南秋更熱, 日行離北夜初長.
西風忽覺鄕思動, 鱸膾蓴羹秫酒香.

---

1) 진(晉)나라 문장가 장한(張翰)은 오군(吳郡) 사람인데, 문장을 잘 지어 강동보병(江東步兵)이라 불렸다. 제왕(齊王)을 섬겨 동조연(東曹椽) 벼슬을 했는데, 가을바람이 불자 고향의 순채국과 농어회가 먹고 싶어서 벼슬을 버리고 고향으로 돌아갔다. 『진서(晉書)』 권92 문원열전(文苑列傳)「장한(張翰)」에 그의 이야기가 실려 있다.

기차를 타고 시베리아 길로 들어서다
乘汽車入西伯里路

며칠 밤낮을 가고 가도 벌판은 끝없는데
가을 기운이 완연해 단풍 들었네.
만 리 길 지났는데도 이제 겨우 반이니
가는 길 어디쯤에서 한양을 볼 수 있으려나.

行行日夜野漫漫.　　秋色崢嶸木葉丹.
萬里已過纔半路,　　歸雲何處望長安.

음력 칠월 이십육일은 큰어머니 소상인데 타국에 있어 제사에 참석할 수 없으니 안타까운 마음 더욱 견딜 수 없다
陰七月二十六日 伯母忌辰小朞也 身在他邦 未得參事 尤不勝情理愴慕

작년 가을의 큰 슬픔을 어찌 차마 말하랴.
세월이 훌쩍 지나 일주기가 되었네.
이역에 머물며 오늘을 맞으니
동쪽으로 광호 구름 바라보며 눈물만 짓네.

忍說前秋巨創時. 　　年光悠忽已周朞.
身留異域當今日,　　東望湖雲眼淚垂.[1)]

■
1) 종형의 집이 광호(廣湖)에 있다. (원주)

느낀 바를 써서 우정 협판에게 올리다
書懷呈雨亭協辦

사월에 떠난 나그네 돌아가지 못하고
반년 동안 소식마저 끊어졌구려.
대장부 뜻 펴지 못해 마음 괴로운데다
가족들 멀리 있다 보니 가장 걱정되네.
황제의 은덕으로 사신 일은 마쳤지만
어려운 백성 구제할 계책 없으니 부끄러워라.
중양절엔 작원에[1] 다다를 수 있으리니
국화주 마시며 함께 웃으리라.

四月行人尙未還.　　音書隔斷半年間.
蓬桑搖落心難遂,　　家室蒼茫慮最關.
幸賴皇靈完使事,　　愧無良策濟時艱.
勺園可到重陽節,　　一醉黃花共解顔.

---

1) 나의 거처를 작원이라고 한다. (원주)

양력 구월 구일 시베리아 산길에서 짓다
陽曆九月九日 西伯里山路中作

달력을 보니 오늘 아침이 중양절일세.
절기는 백로를 지나 밤이 처음으로 길어지네.
북쪽 땅은 추위가 빨리 와 이미 서리가 내렸으니
온 산에 가득한 단풍잎이 중양절을 알려주네.

看曆今朝爲九九,　　節過白露夜初長.
北地早寒霜已下,　　滿山紅葉記重陽.

시베리아 철도가 끊어져 마차를 타고 가다
西伯里銕路中斷 乘馬車作行

철도가 중간에 끊겨 사천여 리를
구불구불 산길로 마차 몰고 가네.
부딪치고 흔들리는 걸 면할 계책 없으니
지난날 요동 벌판을 지날 때 같구나.

銕途中斷四千餘,　　山路崎嶇策馬車.
撞觸簸搖無計免,　　依如昔日過遼墟.

험난한 고개 벼랑을 평평히 깎아내어
네 마리 검은 말이 수레를 끌고 가네.
철로와 연결해 외딴 곳까지 통하고
우편물 배달해 먼 길까지 전하네.
아름드리 늙은 나무는 나이를 알기 어렵고
절로 핀 한가한 꽃은 이름조차 모르겠구나.
밤낮 마차 달리다 몹시 지루해지면
찬바람에 울리는 말방울 소리를 시름겹게 듣네.

仄嶺懸崖盡削平.　　騑騑四牡載車行.
汽途連築通荒塞,　　郵信頻傳遞遠程.
老樹成圍難記歲,　　閒花自發不知名.
驅馳晝夜支離甚,　　愁聽寒風馬鐸鳴.

몽골 국경을 지나는데 몽골의 사람으로 러시아 국적에 편입한 자가 몹시 많다. 변발에 긴 도포 차림을 여전히 바꾸지 않고 천막을 치고 들에서 살며 유목할 뿐이다
過蒙古境 蒙人之入俄籍者甚多 辮髮長袍, 尙不改焉 設幕野居遊牧而已

긴 도포에 변발 차림으로 우마차에 앉아
유목하느라 때때로 옮겨다니며 천막에서 사네.
부락은 저절로 생과 숙으로 나뉘어지니[1]
이곳은 혼돈이 열리지 않은 태초의 세계로다.

長袍辮髮坐牛車.　　遊牧時遷毳幕居.
部落自分生熟種,　　渾圖未闢太荒初.

■
1) 생여진(生女眞)과 숙여진(熟女眞)을 가리킨다. 고려 때 두만강 유역에 살았던 부족을 생여진, 압록강 유역에 살았던 부족을 숙여진이라 했다.

이르쿠츠크 서시베리아총독부에 도착하다
到日區西界捴督府

이곳은 시베리아에 속한 성으로
원대한 경륜이 있어 지금 총독부를 설치했네.
백성과 물산이 몰려들고 시가지가 정비되니
번화하기가 러시아 수도에 못지 않구나.

此爲西伯里中城. 遠略今開捴督營.
民物輻輳街市整, 繁華端不讓俄京.

바이칼 호를 건너다
渡白葛湖

맑고 투명한 백 리 바이칼 호를
무사히 배로 건너 산길로 접어들었네.
가을 풍경 즐기며 느릿느릿 마차를 모노라니
내 몸이 단풍 든 어촌 그림 속에 있구나.

百里澄淸白葛湖.　　布帆無恙入山途.
愛看秋色車行緩,　　身在漁邨黃葉圖.

흑룡강에 와서 화륜선으로 갈아타고 블라디보스톡으로 향하노라니 오늘 몹시 고단하다

抵黑龍江 更乘輪船 向海參威 今日甚憊

마차를 타고 이십 일 가노라니
고되고 지쳐 마음까지 흔들리네.
길 험한 것은 말하기도 겁나고
날씨가 추워 병도 쉬이 드네.
지친 몸 새벽 꿈에서 깨면
숙취에 절었는지 몽롱하구나.
서둘러 재촉하며 흑룡강에 이르니
가로질러 떠있는 화륜선이 반갑구나.

車行二十日, 　辛苦撓心旋.
路險言猶怕, 　天寒病易生.
依依晨覺夢, 　圉圉宿沈醒.
催到黑龍水, 　喜看輪舶橫.

흑룡강 물줄기가 어찌 이리도 긴지
동쪽으로 큰 바다까지 만 리를 흘러가네.
강언덕 따라 러시아와 만주가 나뉘어지니
수시로 배를 띄워 통상을 하네.

黑龍江水一何長, 　萬里東流入大洋.
兩岸自分俄滿界, 　時航一葦可通商.

북풍이 물결 일으켜 한밤이 싸늘하니
강언덕에 서리 내려 달빛 더욱 밝구나.
뼛속까지 차가워 잠이 달아나니
선창에 누워서 닭 울음소리를 세어보네.

北風吹浪夜寒生.　　霜落江皐猶月明.
骨冷神淸無夢寐,　　船窓臥數曉鷄聲.

하바롭스크 총독부에 도착하다
到許發湖總督府

총독부 건물이 하바롭스크에 자리잡아
겹겹이 성을 쌓아 동쪽 변방을 지키네.
황무지가 번화한 땅으로 변했으니
사십 년 사이에 경관이 달라졌네.

總督衙臨許發湖. 　　重關設陒鎭東隅.
荒蕪變作繁華地, 　　四十年來景象殊.

우리나라 사람들은 대체로 "장백산[1] 위에 큰 못이 있는데 그 둘레가 팔십 리이다. 이 물이 나뉘어 흐르며 세 강이 되니, 남으로 압록강, 동으로 토문강, 북으로 흑룡강이 된다"고 한다. 그러나 이는 직접 그곳에 가서 지형을 자세히 살펴보지 못한 채, 단지 전해오는 말만 듣고 대충 말하는 것이다. 이제 지도를 살펴보면 러시아와 몽골 두 나라의 경계에 새안산이 있다. 여기서 북으로 새올가강으로 빠져나가 러시아 경계가 되고, 남으로 알군강으로 빠져나가 몽골의 경계가 된다. 동으로 몇백 리를 흐르다가 합류하여 흑룡강이 되고, 다시 오천 리를 흘러 동해로 들어간다. 흑룡강의 남쪽 언덕에서 만주의 경계가 시작된다. 장백산은 흑룡강의 동남에 있는데 북으로 흐르는 물이 승가리강이 되어 흑룡강에 합류하니, 실은 흑룡강의 근원이 장백산에서 나오는 것은 아니다. 옛날 숙종 때에[2] 청나라에서 오랄총관 목극등을 파견하여 (우리나라의) 북쪽 경계를 조사하여 정하게 하였다. 그때 나의 선조 광천공 부자께서 이 일에 참예하여 무산에서 팔백 리를 거쳐 토문강의 근원을 거슬러 장백산 정상에 올라 큰 못을 두루 살펴보고 그 경계를 상세히 정하셨다. 물이 나뉘는 곳에 비석을 세우고 지형을 그림으로 그려, 돌아와 조정에 바치셨다. 숙종께서 어제시를 지어 "그림으로 보아도 장관인데, 산에 오르면 그 기운 어떠할까? 그동안 경계를 다투던 시름이 이제부터 모두 사라지리라." 하시고는 아울러

■
1) 일명 백두산, 또는 불함산(不咸山)이라고 한다. (원주)
2) 청나라 강희(康熙) 연간이다. (원주)

은혜로운 상까지 내려주셨다. 지금 내가 강 동쪽을 따라 내려오니 장백산이 손으로 가리킬 만한 곳에 있지만, 길이 먼 데다 내 마음대로 올라가 선조의 자취를 찾아볼 수도 없기에 부끄럽고 아쉬움을 견딜 수 없다.

我東人盖言 長白山上有大澤 周八十里 分流爲三江. 南鴨綠 東土門 北黑龍 此未能躬到其地 詳審其形 但轉聞而泛稱者也 今閱地圖 俄蒙兩界有塞安山 北出賽兀佳江爲俄界 南出戞軍江爲蒙界 東流幾百里 合流爲黑龍江 行五千餘里 注入於東海 黑龍南岸始爲滿洲界 長白山在於黑龍之東南 而其北流之水 爲松佳里江 合流於黑龍 實非黑龍之源 出於長白也 昔我肅廟朝 淸國遣烏喇總管穆克登 勘定北界 其時余先祖廣川公父子叅於是役 自茂山 歷行八百餘里 溯土門之源 登長白之頂 周覽大澤 詳定境界 乃於分水處 立石碑 圖繪地形 歸獻朝庭 肅廟有御製詩曰 圖繪觀猶壯 登山氣若何 向來爭界慮 從此盡消磨 兼下恩賞矣 今余沿江東下 長白在於指點之間 非但途道遙遠 亦未能擅便登覽 敬尋先祖遺蹟 還不勝愧歎之極

뱃사람들 다투어 백두산이라 떠들며
동남쪽 아득한 곳을 손으로 가리키네.
큰 못이 세 줄기로 나뉘어 흘러가서
숭가리강 북쪽에서 흑룡강과 합류하네.

舟人爭說白頭山.   指點東南縹渺間.
大澤分流三派去,   松嘉北合黑龍灣.

토문강 나뉘는 곳에 비석을 세웠으니
이백 년 전 경계를 정할 때였지.
선조들 이 일 하시느라 애쓰셨으니
성상께서 오언시를 내려 주셨네.

土門分處樹穹碑.   二百年前定界時.
先祖勤勞膺是役,   天褒曾荷五言詩.

블라디보스톡에 도착하다
到海參威

러시아 영토의 동쪽 끝자락
블라디보스톡 항구가 배를 숨길 만하네.
삼국의 경계가 맞닿은 요충지라서
수륙에 병사를 주둔시키면 필승할 계책일세.

俄境東邊地盡頭. 海參港口可藏舟.
要衝相接三邦界, 水陸屯兵亦勝籌.

삼 년 예산으로 철도를 완성하니
열흘이면 페테르부르크까지 통한다네.
심원한 계책에다 온 힘을 쏟아 부으니
동양으로 직행하려면 반드시 이곳을 지나야 하리.

三年豫算銕途成. 十日將通彼得城.
慮遠謀深全用力, 東洋直馹必由程.

신문을 보고 비로소 당질 세형이 요즘 원산항
우체사장에 임명된 것을 알았다. 이미 부임했
을 텐데, 귀국하는 배가 곧장 부산으로 향하기
에 원산항에 들리지 않으니 만나기 어려운 형
편이라 몹시 서운하다
得見新聞紙　始知堂侄世亨　間任元山港郵遞司長
想已赴任　而歸舶將直向釜山　不入元山港　勢難相
面 悵甚

이 가을 우체사장에 임명된 소식 보기만 해도 반갑구나.
원산에 이미 부임해 일을 나누어 맡았겠지.
우리 배가 돌아갈 때에 뱃길 돌릴 수 없으니
눈앞에 두고도 만나지 못해 속절없이 그립구나.

喜看秋任郵司長,　　已赴元山署分掌.
我舶歸時不得旋,　　人邇地邇空馳想,

우리나라 유민들의 도소에 지어주다
題贈我邦流民都所

슬프다, 수만 명의 조선 유민들
날마다 품을 팔면서도 편안히 여기네.
탐관오리의 가혹한 정사야 피한다 해도
이국 땅 거친 벌판에서 차마 어찌 살려나.
고향 그리워 망건과 상투를 그대로 한 채
성명을 연달아 써서 새 문서에 올리네.
응당 쇄환하라는 어명이 있을 것이니
조국 향한 진실한 마음 변치 말진저.

哀彼流民數萬餘. 傭畊日日視安居.
縱逃貪吏煩苛政, 忍處殊邦莽漠墟.
巾髻尙存懷古土, 姓名聯錄上新書.
刷還當有朝廷命, 向國誠心莫變初.

새벽에 부산에 정박하다
曉泊釜山

이틀 동안 증기선이 거친 숨을 몰아쉬며
원산항 들리지 않고 부산에 닿았네.
예전의 초량관은¹⁾ 조계지가²⁾ 되었고
새마을 부민동에는 세관이 세워졌네.
등불 켠 어선이 그물을 걷어 가고
달빛 속 상선은 북 치며 돌아오니,
항구의 봉우리들이 천연의 요새라
한 사람이 굳게 지키면 편안하리라.

汽輪沸盪兩宵間.　　不入元山抵釜山.
草梁舊館分租界,　　富洞新村設稅關.
張燈漁柵收罾去,　　帶月商帆擊皷還.
港裡列巒天設險,　　一夫堅守可安閒.

■
1) 부산에는 쓰시마의 일본인들이 임시로 거주하며 외교와 무역을 중개하던 왜관(倭館)이 오랫동안 있었다. 임진왜란 직후 절영도(絶影島)에 임시로 설치되었다가, 1607년 두모포(豆毛浦)에 설치되었으며, 1678년 초량(草梁)에 설치되어 개화기까지 존속했다.
2) 1876년 1월 2일에 일본특명전권관리대신(日本特命全權辦理大臣) 구로다 기요타카(黑田淸隆)와 부사 이노우에 가오루(井上馨)가 조선에 들어와 접견대신 신헌(申櫶)과 2월 2일에 조일수호조규(朝日修好條規 강화도조약)를 체결하였다. 동래부사 홍우창(洪祐昌)이 조계를 설치하기 위해 신 왜관 경계를 측량하고, 부산주재 일본 관리관 곤도 신조(近藤眞鋤)와 〈부산항일인거류지조계조약 釜山港日人居留地租界條約〉을 체결하였다. 이때부터 왜관이 조계지로 바뀌었다.

인천항에 와서 정박하다
來泊仁港

버들 푸르던 이월에 사신 임무를 떠나[1]
국화 누런 가을에야 배 타고 돌아왔네.
고향에 가까워질수록 마음 더욱 간절하니
인천항에만 이르러도 집에 온 듯하구나.

綠楊二月賦皇華.   黃菊三秋返海槎.
漸覺近鄕情更切,   仁川纔到似還家.

■
1) 아름다운 꽃들이
  저 들에 진펄에 피었네.
  급히 달려가는 사신의 신세
  행여나 못 미칠까 날마다 걱정이네.
   皇皇者華,   于彼原隰.
   駪駪征夫,   每懷靡及.
  원문의 황화(皇華)는 『시경』 소아(小雅)의 〈황황자화(皇皇者華)〉라는 시에서 나왔는데, 뒤에는 사행(使行)의 뜻으로 쓰였다. "부황화(賦皇華)"를 직역하면 "황화(皇華) 시를 짓다"는 뜻이다.

시월 이십일일 서울에 들어와 복명하고 러시아 황제의 회답 친서를 바쳤다. 신들이 입대하여 우러러 뵈니 성체가 강녕하시고 세자 저하도 안녕하시어 기쁜 마음을 금할 수 없었다. 먼 길을 다녀 온 노고를 물어보시며 은총과 관심이 극진하셨는데, 신들은 티끌만큼도 보답할 수 없어 몹시 황공했다. 서궁¹⁾에도 복명하고 회답서를 올렸다. 우러러 천안을 뵈오며 입대하니 "아! 너희들의 이번 사행 길은 일곱 달이나 걸린 먼 노정이었는데 고생이 얼마나 많았느냐" 하셨다. 조정에서 물러나 집으로 돌아와 뵈니 아버지의 건강은 그런대로 평안하셨지만 어머니의 풍이 여태 회복이 더디어 자식 된 마음에 몹시 안타까웠다.

十月二十一日 入京復命 進呈俄皇回答親書 臣等入對仰瞻 聖體安康睿候安寧 伏不勝慶忭之忱 下詢遠程勞苦之狀 寵眷隆崇 臣等未有涓埃報答 祗切惶蹙 西宮復命 獻回書 瞻仰天顔入對餘 嗟爾此行 經七朔遠程 勞苦果何如 退朝反面 親節粗安 而慈闈風患 尙遲復和 情私悶迫

---

1) (대비께서는) 이때 경운궁에 계셨다. (원주)

조회 끝나고 물러나 어버이를 뵈니
오늘 하도 기뻐서 날아갈 듯하구나.
"날마다 문에 기대² 애타게 기다렸는데
너 온 걸 보다니 꿈이냐 생시냐."

罷朝卽退拜庭闈,　　喜色今宵興欲飛.
日日倚閭心自苦,　　却看汝至夢耶非.

■
2) 왕손가(王孫賈)가 15세에 민왕(閔王)을 섬겼는데, 왕이 달아나 있는 곳을 모르게 되었다. 그러자 그의 어머니가 그에게 말했다.
"나는 네가 아침에 나갔다 늦게 돌아오면 문에 기대어 바라보고, 네가 저녁에 나갔다가 돌아오지 않으면 동구 밖에 기대어 기다린다. 그런데 너는 지금 임금을 섬기면서, 임금이 달아나버려 있는 곳을 모르게 되었는데, 네가 (찾지 않고) 어찌 돌아오느냐?" ─《전국책(戰國策)》〈제책(齊策)〉
려(閭)는 마을 입구에 있는 문이다. 의려지망(倚閭之望)은 집 나간 자식을 기다리는 부모의 심정을 가리킨다.

친척과 벗들이 내가 집에 돌아왔다는 소식을 듣
고 일제히 모여 환영하였다. 촛불 심지를 자르
며 즐겁게 이야기하니, 시금동과 육교의 풍월이
다시 예전의 인연을 이었다.[1] 이번 사행은 일곱
달 동안 여덟 나라를 거치며[2] 모두 육만 팔천삼
백육십오 리를 다녔다.

族戚朋友 聞余歸家 齊會逢迎 剪燭忻敍 一洞詩琴
六橋風月 更續前緣也 此行凡七閱月 經八國 周歷
六萬八千三百六十五里

사행에서 돌아온 걸 친지들이 알고
서방세계 어디를 다녔느냐고 앞 다투어 묻네.
육만여 리 여덟 나라를 다니며
보고들은 것 모두 기행시편에 있다오.

親朋知我卸征鞭, 　　爭問西遊阿那邊.
六萬里餘經八國, 　　見聞都在紀行篇.

1) 「모스크바 공관에서 달밤에 한양 친구들을 그리워하다(毛壽古公館 月夜憶漢
陽親友)」에 시금동과 육교 풍월을 그리워한 구절이 있다. 청계천 광교 변에 변
진환(邊晉桓)의 집 해당루(海棠樓)에서 강위(姜瑋)를 맹주로 한 역관(譯官) 중
심의 육교시사(六橋詩社)가 자주 모였는데, 이제 다시 참여하게 되었다는 뜻
이다.
2) (여덟 나라란) 청나라, 일본, 미국, 영국, 네덜란드, 독일, 러시아, 몽골이다.
(원주)

해설 :
1896년 어느 조선인의 세계 일주

이 시집은 1896년 러시아 니콜라이 2세(Aleksandrovich Nikolai II) 황제의 대관식에 파견된 조선 사절단의 일원, 춘파(春坡) 김득련(金得鍊, 1852~1930)의 사행시집이다. 이 사절단은 김득련을 비롯하여 민영환, 윤치호, 김도일, 손희영, 슈테인 등으로 구성되었으며, 이들은 인천항에서 화륜선을 타고 중국, 일본을 경유하여 태평양을 건너 캐나다 밴쿠버에 도착, 그곳에서 광활한 북미 대륙을 기차로 횡단하였다. 다시 이들은 미국 뉴욕에서 승선하여 대서양을 건너고 영국, 네덜란드, 독일, 폴란드 등 유럽의 여러 나라를 거치는 대장정을 통해 러시아에 들어갔으며 동시에 세계를 일주(環球)한 최초의 조선인이 되었다.

이 시집의 작자인 김득련은 역관 가문으로 유명한 우봉(牛峰) 김씨 출신으로, 김지남(金指南)의 후손으로도 잘 알려져 있다. 그는 이 사절단에 한어역관으로 참여하였는데, 한문에 능하고 또 외교적 실무에서 비교적 자유로웠던 그가 서기의 역할도 했을 것이라 추측된다. 그는 이 시집 『환구음초(環璆唫艸)』이외에도 산문집 『환구일록(環璆日錄)』을 남겼으며, 현재 민영환의 이름으로 남아있는 『해천추범(海天秋帆)』도 그의 저작이라 추정된다. 이 번역시집에서는 시 내용에 관련되는 기록이 있을 경우, 『해천추범』의 해당 기록을 각주로 제시하였는데, 이를 비교해 보면 정서적으로 동일한 시선을 보여주고 있어 두 책이 상당히 긴밀하게 연결되어 있다는 사실을 금방 알 수 있다. 아마도 사행 기록을 갖고 있지 않았던 민영환이 김득련의 기록을 공유하고자 했던 것이 아닌가 한다. 현대의 물질적인 저작권 관념으로는 이해할 수 없는 일이지만, 조선조 사행록의 전통을 생각해 보면 이는 그리 이상한 일이 아니다. 조선 후기에는 등록(謄錄)의 형태로 사행내용과 결과를 조정에 보고했지만, 여전히 삼사신(三使臣) 가운데 하나는 사행의 기록을 따로 남겼으며 이 사행록은 공적 성격이 강했다. 외국 여행이 통제되었던 조선에서 사행록은 유일하게 바깥 사정을 보여줄 수 있는 견문록이었고 또 교린국의 정보를 기록했다는 점에서도 그 공리적 효용이 있었기 때문이다. 그렇기에 사행록에서 작가 자신의 창의적인 관점은 부가적인 요소였으며, 따라서 개인의 목소리와 시점으로 전개되는 현대적 의미의 여행기와는 그 성격이 조금 다르다고 할 수 있다.

여기에서 우리는 또 다른 의문이 든다. 이들 사절단은 조선인으로는 최초로 유럽에 공식 파견된 사절단이었기에 관련 기록은 더욱 정확하고 세밀해야 했다. 세밀하게 쓰려면, 보다 유리한 산문 기록을 남기는 것이 당연한 일이라 할 수 있다. 그런데 김득련은 왜 굳이 한시집을 또 남겼던 것일까. 이 해답 역시 사행록의 전통 안에서 찾을 수 있다. 이전 시대의 사행에 산문집과 시집이 함께 존재하거나 한 책에 두세 가지의 문학 장르가 동시에 등장하는 것은 흔히 있는 일이었으며, 일견 정보 전달이라는 효율성 측면에서는 불리할 수도 있지만 사행시 쓰기는 사대부의 오랜 관습이었다. 그것은 『논어』의 "시 삼백 편을 외어도 정치를 맡아 제대로 하지 못하거나 사방에 사신으로 나가 제대로 응대하지 못하면, 아무리 많이 외었던들 무엇 하겠느냐?(誦詩三百 授之以政 不達 使於四方 不能專對 雖多 亦奚以爲)"와 같은 구절을 통해서도 알 수 있다.

물론 김득련은 사대부가 아닌 중인 출신 역관이었지만, 그는 육교시사에 참여할 만큼 작시 활동에 적극적이었던 사람이며, 또 여항인 문화가 아무리 계층적 유대의식을 갖고 때로는 사대부와 다른 시.의식을 보였다 하더라도, 그 표현 매체와 향유 방식을 생각해보면 결국 사대부의 문화 헤게모니 속에서 존속 가능했다고 할 수 있기에, 전술한 조선의 사행록 전통과 김득련을 따로 떼어놓고 생각하기는 힘들다. 물론 이국 견문이라는 색다른 경험의 도중에 발하는 여흥을 문학적으로 또 감각적으로 표현·창작하고 싶은 것은 동서고금을 막론한 인간의 본능적 욕구이다. 실제로 본서의 사행시는 김득련의 문학적 재능과 시적 감수성이 잘 발휘되어 더욱 생생하게 현장의 분위기를 살리기도 한다.

그렇다면 본서의 내용은 어떠한가. 김득련은 난생 처음 접하는 근대 문명들에 감격한다. 가장 감탄했던 것은 모스크바를 수놓았던 등불이었으며, 이 화려한 야경은 '봉황의 골수와 용의 기름을 밤새도록 태우는 듯' 했고 '불야성(不夜城)'의 잔치처럼 보였다. 드넓은 대륙과 바다를 횡단하는 화륜차나 화륜선은 축지법과 같은 순간이동이었고, 기구(氣球)를 타고 하늘을 나를 때는 신선이 된 듯 했으며, 벽에 붙은 전화통의 목소리는 마주 대하는 것처럼 생생했다. 이러한 그의 '신기' 체험은 근대 문물에 대한 정확한 이해에서 비롯된 것이 아닌, 신체의 감각으로 수용되는 일차적 자극들에 의해 즉각적으로 반응되었던 것이라 할 수 있다. 그리고 재미있게도 이러한 첨단 시설에 대한 반응들은 쉽사리 '요지(瑤池)', '장춘원(長春園)', '극락(極樂)' 등과 같이, 관념적으로만 배워 왔던 한문화권의 공통 기호들로 재현된다.

이렇듯 김득련의 반응에서는, 강화도 조약 직후 일본에 파견되어 근대를 최초로 경험한 수신사 김기수(金綺秀)가 보여주었던 1876년의 부적응과 거부감은 거의 찾아볼 수 없다. 아마도 개항 후 약 10년이나 지난 시점이었기에 조선에서도 어느 정도 근대 문물과 세계 정황에 대한 정보가 흘러들었고 김득련 역시 파견 전부터 이를 접했으리라 짐작할 수 있다. 이렇게 근대라는 시대는 전 세계를 예외없이 급습하였기에, 김득련 역시 중국과 일본 등지를 거치는 동안에도 그들이 오랜 관습이나 생태보다 그들이 이룬 서구식 '개화'를 보다 적극적으로 관찰했고 또 그것을 어떻게 '성공'시켰는지에 대해서만 집중하였다. 그의 이러한 태도는 상하이, 나가사키, 고베, 요코하마, 도쿄, 밴쿠버, 뉴욕, 런던을 '서구식 근대화'라는 단 한 가지 기준으로 평가하고 간단히 획일화시킨다. 새로운 문물을 접할 때 일어나는 감흥이 신기함으로 표현되는 것은 여행기에서 흔히 찾아 볼 수 있지만, 대상 지역을 특정 시각으로만 관찰하고 그것의 폐해와 결점에는 전혀 무관심한 채 맹목적으로 신비화, 이상화 시키고 있다는 점은 본서가 갖고 있는 시대적 한계라고 할 수 있다.

그리고 이러한 그의 '순진한' 반응들은 결국 어떠한 비판 의식 없이 제국주의적 상황들을 받아들이도록 한다. 그는 러시아의 관병식을 보고 진나라의 부강함과 태평함을 떠올리며 나약한 조국 조선의 군대를 부끄러워하고, 또 전략적으로 남하하던 러시아가 시베리아 철도를 건설하자 이를 '심원한 계책'으로 해석하고 동양으로 곧 '질주' 할 수 있음을 칭찬한다. 그뿐 아니라 몽고와 같이 제국의 논리에 억압받았던 약소 지역을 지나면서는 전통을 지키는 그들이 미개(未開)하다던가, 급작스러웠던 근대에 부적응하여 얻어진 그들의 뒤처짐을 당연시하는 등, 약육강식의 잔인한 논리로 그들을 판단하고 모든 상황을 그들의 탓으로 돌리기도 한다.

이러한 김득련의 시선은 폭력적 제국을 경험한 우리에게 결코 편안하게 받아들여지지 않는다. 하지만 전술한 바와 같이 본서의 형식상으로 보았을 때도 조선의 문화 전통에서 벗어나지 않았던, 그래서 당대의 진보한 근대인 윤치호에게도 비웃음을 샀던 그가, 제국 중심의 근대에 완전히 경도되었다는 사실은, 근대의 질서가 얼마나 빠르고 일방적으로 그리고 의문의 여지없이 조선에 전파되고 수용되었는지를 단적으로 보여준다. 그러한 상황 속에서 세계를 처음 견문한 이들에게 제국주의자(혹은 식민주의자)라는 이데올로기적인 성급한 단정을 할 수는 없을 것이다. 본서의 경우도 서구식 근대를 동경하고 그것을 절대 우위에 놓는 상황들은 자주 발견할 수 있지만, 폴란드의 망국(亡國)을 노래한 시처럼 그 반대적 상황이 구체적으로 경험될 때에는 안타까움과 슬픔을 드러내기도 한다. 때는 아관파천(俄館播遷) 시기. 사실상 일본을 견제하고 러시아의 도움을 얻기 위해 파견된 이들 사절단이 러시아에 점령된 폴란드의 수도 바르샤바를 지날 때의 그 복잡한 심정은 충분히 예상할 수 있지 않은가.

그동안 19세기 말 조선인의 서양 견문에 관한 논의는 늘 '앞선' 서구의 근대 문물을 제대로 파악하고 그것을 조선에 적용시킬 수 있었는가가 주요 관점으로 다루어져 왔다. 특히 물질적 근대화가 사회 전체의 당면 과제였던 시절에는 더욱 그랬으며, 그 중에서도 국가·군사·정치 시스템, 자본주의적 경제체제, 기술과 문물의 발달 등 거시적인 문제에 대한 이해가 초점이 되었다. 물론 김득련도 부족하지만 이에 대해 나름대로 최선을 다해 기록하고자 한다. 하지만 본서에서 더욱 인상적인 부분은 오히려 이국에서 경험한 소소한 일상에 대한 노래이다. 특히 처음 먹어보는 서양식 식사를 순서대로 나열한다던가, 극장에서 본 연극(혹은 오페라)과 무성영화에 대한 감상이라던가, 자동으로 물방울을 뿌리는 아름다운 분수의 모습, 그리고 조선 여인들보다는 비교적 자유로웠던 19세기의 서양 여인들의 모습까지. 우리는 경험하고 이미 지나온 문화들이기에 당연하게 받아들이지만, 이를 처음으로 겪었던 김득련의 반응은 신선하고 재미있다. 이러한 사적인 일상의 노래에서 그의 감성은 빛을 더욱 발한다. 또한 그가 어떤 부분을 기이하게 여기고 또 호기심 가득한 시선으로 관찰했는지도 알 수 있다. 다시 말하면 서구 문물을 바라보는 그의 시선을 통해, 우리는 19세기 말의 조선인의 정서와 생각을 거꾸로 이해할 수 있는 것이다.

또한 본서는 우리에게 의식적으로든 무의식적으로든, 근대 문제들에 대한 비판적 의미를 주기도 한다. 자연을 지배하기 시작한 인간으로 인해 동물원에서 본 코끼리와 사자는 그 야성을 잃고 인간에 의해 제압되어 우리 안에 갇히거나 돈벌이가 된다. 전등으로 사람들은 밤을 잊었고 화륜차와 화륜선은 날쌨지만 고약한 냄새와 연기를 내뿜었다. 김득련은 물론 전술하였듯이 이전 사절단보다 더 근대적 문물에 압도되었던 만큼, 그가 완전한 전통시대의 사람이었다고 할 수는 없지만, 그는 여전히 부자연스러웠던 근대의 풍경들을 지나치지 않고 한 소절 한 소절 써내려간다. 포스트 근대(post-modern)를 살아가는 우리에게 근대성에 대한 비판은 너무나 익숙한 일이지만, 선근대(pre-modern)의 측면에 서서 근대의 문제들을 바라보는 시각 ― 특히 사적 영역과 일상적 문화사의 분야에서 ― 은 그리 많지 않았기에, 비록 본서에서 많은 부분을 차지하지 않더라도 그 의미는 크다고 할 수 있다.

조선에 있어서 19세기 말은 이전에는 전혀 그 존재를 인식하지 못했던 광범위한 영역 속의 여러 타자들과 처음으로 접촉하고 적극적으로 소통해야만 했던 시기이다. 이 시기 다양한 타자들과 자기와의 관계를 어떻게 규정하는가는 상당히 중요하지만 쉽지 않은 일이었다고 생각된다. 본서는 이렇게 복잡했던 조선인의 시대적 인식과 함께 그들의 자기 형성과 타자 인식 사이의 관계를 살펴볼 수 있는 텍스트이다.

_ 이효정, 일본 국제기독교대학 박사과정 수료

原詩題目 찾아보기

我邦通好俄羅斯國十餘年 尙未報聘
今値俄新皇戴冠卽位之期 在於五月
二十六日 五洲各邦專价相賀 我邦亦
爲派使 建陽元年三月十一日 宮內府
特進官從一品閔泳煥爲特命全權公使
學部協辦尹致昊爲隨員 三品金得鍊
爲二等參書官 外部主事金道一爲三
等參書官 往赴俄都 不佞本以讕劣蔑
學 不稱是職 重以慈闈風患 經年彌
留 人子情理 實難離側 屢度陳情 竟
未蒙遞 洒於四月一日發程 登堂拜辭
抑塞不能言 謹此述懷 • 17

辭陛之時 承召入對 伏奉善去來之聖
論 臣不勝榮惶 恭述識之 • 19

敬奉親書一度 國書一度 行到麻浦津
內部大臣朴定陽 外部大臣李完用 內
閣總書李商在 外部協辦高永喜 度支
部協辦李在正 農商工部協辦李采淵
軍部協辦白性基 中樞院議官尹雄烈
學部參書官李庚稙 警務官白命基 齊
會以待 農商工部大臣趙秉稙追至 而
自外部度支部設餞送行 此重使事 而
慰遠征也 • 20

臨歧口號呈雨亭協辦 • 21
仁港乘汽船直向上海 • 22
泊上海 • 24
喫洋餐戲題 • 25
抵長崎港 • 26

過赤馬關 • 27
暫泊神戶 • 28
次橫濱 • 29
乘火輪車 入東京 • 30
我公館止宿一宵 示劉書記燦 • 31
太平洋 觀日出 • 32
徹夜北風大作 船簸尤甚 令人自動羈
懷 • 33
登鶯口港 • 34
坎拿大 乘火輪車 向東行九千餘里
• 35
經大野 • 36
過藪蔽羅如大湖 • 37
紐約之殷富繁華 口難形言 筆難記
述 • 38
往觀紐約電氣博覽會 世間凡物 皆以
電機造成 且管絃自奏 茶餠嚢備 而
其中最奇者 五百里外有大瀑 引其聲
貯水器中 側耳聽之 令人生慄 • 39
大西洋舟中 • 40
大西洋素稱多險 船行九千里 今得利
涉 抵于爾別佛港口 • 41
入英都倫敦 • 42
自倫敦 汽車行三百餘里 曉乘輪船
朝泊佛羅勝港口 卽荷蘭東界也 • 43
過德京柏林 • 44
波蘭國古都 • 45
到俄境 武將一人 外部官一人來候

172

・46
到毛壽古 觀俄皇動駕・47
入俄闕 呈親書暨土儀・49
五月二十六日 卽俄皇戴冠慶禮 各國使入參賀班・50
滿都三夜點燈・52
皇宮夜觀戲子・55
萬民宴・56
毛壽古公館紀夢・58
毛壽古公館卽事・62
西國麗人行・63
毛壽古公館 月夜憶漢陽親友・65
觀兵式歸題長句・67
皇邨夏行宮・73
禮拜堂・74
曳瓦江・75
街衢設公園・76
連絡岐島・77
大花園・78
生物院・79
劇戲場・80
電氣戲影館・81
銕路馬車・82
獨行車・83
俄列皇陵墓 盡在一堂・84
大彼得開都時所居屋・85
噴水管・86
自來水・87
製酒所・88
農務博物館・89
城外取牛乳所・90
傳語筒・91
電氣燈・92

監獄署・93
綿布織造所・94
造紙所・95
造紙幣所・96
御乘火輪船・97
漉水所・98
海口礮臺・99
造船廠・100
書籍院・101
各學校・102
溫宮博物館・103
琉璃製造所・104
天文臺・105
俄京有花名不忘 女人滿首粧戴・106
端午日・107
觀落照・108
彼得都公館有感・109
曳瓦江晚眺・110
陰曆六月初五日 從郵遞 見四月十一日出家書・111
桂庭公使見贈一律 因次原韻 奉呈・112
謹和桂庭公使小像自贊韻・114
往觀鵑比老邨天文臺歸路登山有作・115
陽曆七月七日・116
閔小石秘書郞景植 朱月山參書官錫冕 以遊覽紳士從南路來到 而使行將非久回 程賦此敍懷・117
隨桂庭公使乘車 往連絡岐島納凉 同小石月山漫吟・118
遊生物院 有所未曾見者 各系一詩・119

173

獅子・119

　　鱷魚・120

　　戲象・121

　　黑白雉・122

　　旅枕偶題・123

使行回期 定于八月十九日 小石月山
將落留此地 詩以志別・127

　　贈小石・127

　　贈月山・128

贈俄國海軍將官・129

念梧隨員爲學法語 今往巴黎 此時客
中送客 南北分路悵難爲懷・130

用念梧贈別韻・134

離發彼得都・135

重過毛壽古・136

爲觀博物會留下新州・137

觀博物會・138

乘輕氣毬・141

月嘉江乘輪船 東南夜發・142

乘汽車入西伯里路・143

陰七月二十六日 伯母忌辰小朞也
身在他邦 未得叅事 尤不勝情理愴
慕・144

書懷呈雨亭協辨・145

陽曆九月九日 西伯里山路中作・146

西伯里銕路中斷 乘馬車作行・147

過蒙古境 蒙人之入俄籍者甚多 辮
髮長袍, 尙不改焉 設幕野居遊牧而
已・148

到日區西界捴督府・149

渡白葛湖・150

抵黑龍江 更乘輪船 向海參威 今日
甚憊・151

到許發湖總督府・153

我東人盖言 長白山上有大澤 周八
十里 分流爲三江. 南鴨綠 東土門
北黑龍 此未能躬到其地 詳審其形
但轉聞而泛稱者也 今閱地圖 俄蒙
兩界有塞安山 北出賽兀佳江爲俄界
南出戛軍江爲蒙界 東流幾百里 合
流爲黑龍江 行五千餘里 注入於東
海 黑龍南岸 始爲滿洲界 長白山在
於黑龍之東南 而其北流之水爲松佳
里江 合流於黑龍 實非黑龍之源 出
於長白也 昔我肅廟朝 淸國遣烏喇
總管穆克登 勘定北界 其時 余先祖
廣川公父子叅於是役 自茂山 歷行
八百餘里 溯土門之源 登長白之頂
周覽大澤 詳定境界 乃於分水處 立
石碑 圖繪地形 歸獻朝庭 肅廟有御
製詩曰 圖繪觀猶壯 登山氣若何 向
來爭界慮 從此盡消磨 兼下恩賞矣
今余沿江東下 長白在於指點之間
非但途道遙遠 亦未能擅便登覽 敬
尋先祖遺蹟 還不勝愧歎之極・155

到海參威・157

得見新聞紙 始知堂侄世亨 間任元
山港郵遞司長 想已赴任 而歸舶將
直向釜山 不入元山港 勢難相面 悵
甚・158

題贈我邦流民都所・159

曉泊釜山・160

來泊仁港・161

十月二十一日 入京復命 進呈俄皇回
答親書 臣等入對仰瞻 聖體安康睿候
安寧 伏不勝慶忭之忱 下詢遠程勞苦

之狀 寵眷隆崇 臣等未有涓埃報答 祗切惶蹙 西宮復命 獻回書 瞻仰天顏入對餘 嗟爾此行 經七朔遠程 勞苦果何如 退朝反面 親節粗安 而慈闈風患 尙遲復和 情私悶迫・162
族戚朋友 聞余歸家 齊會逢迎 剪燭忻敍 一洞詩琴 六橋風月 更續前緣也 此行凡七閱月 經八國 周歷六萬八千三百六十五里・164

옮긴이 **허경진**은 연세대학교 국어국문학과를 졸업하고, 동대학원에서 문학박사 학위를 받았다. 목원대학교 국어교육과 교수와 열상고전연구회 회장을 거쳐, 현재 연세대학교 국문과 교수로 재직 중이다. 『한국의 한시』 총서 외 주요저서로는 『조선위항문학사』, 『허균』, 『허균 시 연구』, 『대전지역 누정문학연구』, 『한국의 읍성』 등이 있고, 옮긴 책으로는 『연암 박지원 소설집』, 『매천야록』, 『서유견문』, 『삼국유사』, 『택리지』, 『옥류산장시화』, 『금오신화』 등 다수가 있다.

韓國의 漢詩 96

環璆唫艸

春波 金得鍊 詩集

초 판 1쇄 인쇄 2011년 4월 25일
초 판 1쇄 발행 2011년 4월 30일

옮 긴 이   허경진
펴 낸 이   이정옥
펴 낸 곳   평민사

주 소   서울시 서대문구 남가좌2동 370-40
전 화   375-8571(대표) / 팩스 · 375-8573
          http://blog.naver.com/pyung1976
          e-mail: pyung1976@naver.com

          ISBN 978-89-7115-571-4 04810
          ISBN 978-89-7115-476-2 (set)

등록번호   제10-328호

※책값은 표지에 있습니다.

＊이 책은 저작권법 제97조의 5(권리의 침해죄)에 따라 보호받는 저작물로
  저자의 서면동의가 없이 그 내용을 전체 또는 부분으로 어떤 수단 · 방법으로나
  복제 및 전산 장치에 입력, 유포할 경우 민 · 형사상 피해를 입을 수 있음을 밝힙니다.